AF355515

Friedrich der Große

Aus den Politischen Testamenten

e-artnow 2018

Carl von Clausewitz
Vom Kriege

Gustav Freytag
Bilder aus der deutschen Vergangenheit

Gustav Frenssen
Die drei Getreuen (Historischer Roman)

Friedrich der Große
Friedrich II.: Die Generalprinzipien des Krieges und ihre Anwendung auf die
Taktik und Disziplin der preußischen Truppen

Joseph Conrad
Nostromo (Politischer Roman)

Friedrich der Große

Aus den Politischen Testamenten

e-artnow, 2018
ISBN 978-80-273-1513-0

Inhaltsverzeichnis

Einleitung   11

Rechtspflege   12

Finanzwirtschaft   13

Wirtschaftspolitik   17

Politik   20

Regierungssystem   24

Äußere Politik   27

Das politische System von 1768   38

Das politische System von 1776   43

Schlußbetrachtungen   44

Testament des Königs vor der Schlacht bei Leuthen   47

Das Testament vom 8. Januar 1769   48

Einleitung

Die erste Bürgerpflicht ist, seinem Vaterlande zu dienen. Ich habe sie in allen verschiedenen Lagen meines Lebens zu erfüllen gesucht. Als Träger der höchsten Staatsgewalt hatte ich die Gelegenheit und die Mittel, mich meinen Mitbürgern nützlich zu erweisen. Meine Liebe zu ihnen gibt mir den Wunsch ein, ihnen auch nach meinem Tode noch einige Dienste zu leisten. Doch bin ich nicht so anmaßend, zu glauben, daß mein Verhalten denen, die meinen Platz einnehmen werden, zur Richtschnur dienen soll. Ich weiß, daß der Augenblick des Todes den Menschen und seine Pläne vernichtet und daß alles in der Welt dem Gesetz des Wandels unterliegt. Mit der Abfassung dieses Politischen Testaments verfolge ich daher keine andere Absicht, als einem Piloten gleich, der die stürmischen Zonen des politischen Meeres kennt, meine Erfahrungen der Nachwelt mitzuteilen. Ich will die Klippen angeben, die sie zu meiden hat, und die Häfen, wo sie Zuflucht finden kann. Ich lasse mich nicht auf kleine Einzelheiten ein, sondern behandle alle Gegenstände im Großen, da ich überzeugt bin, daß alle, die selbst das Staatsruder führen werden, mich zur Genüge verstehen.

Die Regierung beruht auf vier Hauptpfeilern: auf der Rechtspflege, weiser Finanzwirtschaft, straffer Erhaltung der Mannszucht im Heere und endlich auf der Kunst, die geeigneten Maßnahmen zur Wahrung der Staatsinteressen zu ergreifen, das heißt, auf der Politik.

Gehen wir diese verschiedenen Zweige der Reihe nach durch.

Rechtspflege

In eigener Person Recht zu sprechen, ist eine Aufgabe, die kein Herrscher übernehmen kann, ein König von Preußen noch weniger als ein anderer. Die unendlichen Einzelheiten eines einzigen Rechtshandels würden die Zeit verschlingen, die er vorzugsweise anderen Zweigen der Regierung widmen muß. Spricht der Fürst aber auch nicht selber Recht, so folgt daraus nicht, daß er die Rechtspflege vernachlässigen darf. Ich habe in Preußen auf dem Gebiet des Zivilprozesses Gesetze vorgefunden, die, statt den Parteien zu helfen, die Rechtshändel verwirrten und die Prozesse in die Länge zogen. Daraufhin erteilte ich dem Großkanzler Cocceji den Auftrag zu einer Gesetzesreform auf der Grundlage der natürlichen Billigkeit. Der hochverdiente Beamte führte meinen Willen zur allgemeinen Zufriedenheit aus. Fest steht, daß Ungerechtigkeiten jetzt seltener als früher vorkommen, daß die Richter unbestechlicher, die Prozesse kürzer sind und daß nur wenig Rechtshändel bei den Gerichtshöfen schweben. Es wäre zu wünschen, daß die Herrscher ihr besonderes Augenmerk auf die gute Besetzung des Großkanzleramtes richteten und Männer von der Rechtschaffenheit, Geschicklichkeit und lauteren Gesinnung Coccejis dafür fänden. Nur so läßt sich das Gute, das er für den Staat geleistet hat, erhalten. Ja, die Wahl dieser Persönlichkeit muß mit um so mehr Kenntnis und Überlegung erfolgen, als der Herrscher einen Teil seiner Autorität in ihre Hände legt und sie zum Schiedsrichter über Hab und Gut der Bürger macht.

Bei der Unvollkommenheit aller menschlichen Dinge sehen wir die besten Einrichtungen entarten. Daher muß von Zeit zu Zeit, wo es nötig ist, die bessernde Hand angelegt werden, damit die Einrichtungen ihren ursprünglichen Zweck wieder erfüllen.

Ich habe mich entschlossen, niemals in den Lauf des gerichtlichen Verfahrens einzugreifen; denn in den Gerichtshöfen sollen die Gesetze sprechen und der Herrscher soll schweigen. Aber dies Stillschweigen hat mich doch nicht daran gehindert, die Augen offen zu halten und über die Aufführung der Richter zu wachen. So ist die Einrichtung getroffen, daß zwei Räte des höchsten Gerichtshofes alle drei Jahre die Provinzen bereisen, die Aufführung der Richter prüfen und jeden, der sich etwas zuschulden kommen läßt, zur Anzeige bringen. Man darf mit den Pflichtvergessenen kein Erbarmen haben: Die Stimme der Witwen und Waisen fordert Vergeltung, und Sache des Fürsten ist es, die Beamten zu ihrer Pflicht anzuhalten und streng gegen die vorzugehen, die seine Autorität mißbrauchen und das öffentliche Vertrauen unter dem Vorwand von Recht und Gerechtigkeit täuschen. Gerade gegen derartige Fälle von Pflichtvergessenheit muß ich die äußerste Strenge anraten; denn der Herrscher macht sich gewissermaßen zum Mitschuldigen an den Verbrechen, die er unbestraft läßt.

Finanzwirtschaft

Soll das Land glücklich sein, will der Fürst geachtet werden, so muß er unbedingt Ordnung in seinen Finanzen haben. Noch nie hat eine arme Regierung sich Ansehen verschafft. Europa lachte über die Unternehmungen Kaiser Maximilians, der habgierig zusammenraffte und verschwenderisch ausgab und daher nie Geld hatte, wenn er etwas unternehmen wollte. Die Italiener, die ihn kannten, sie nannten ihn *Massimiliano senza denari*. In unseren Tagen haben wir gesehen, wie die Zerrüttung der Finanzen beim Tode Karls VI. die Königin von Ungarn zur Annahme von englischen Subsidien nötigte. Das brachte sie in die Knechtschaft König Georgs und kostete ihr die Abtretung mehrerer schöner Provinzen an Preußen und Sardiniens. Da die kluge Fürstin gesehen hat, wie sehr der Geldmangel ihren Angelegenheiten schadete, arbeitet sie jetzt mit stetem Fleiß an der Reform dieser Mißwirtschaft. Wären Sachsens Finanzen gut verwaltet gewesen, so hätte es in dem Kriege, der im Jahre 1740 ausbrach, eine Rolle spielen können. Da es aber stark verschuldet war, so verdingte es sich an den Meistbietenden und war allenthalben unglücklich. August III. gewann nichts im Bunde mit uns und den Franzosen und wurde zu Boden geschmettert, als ihn die englischen Subsidien zum Kriege gegen Preußen gebracht hatten. Wären seine Kassen gefüllt gewesen, so hätte er seine Interessen nicht für so mäßige Summen zu verkaufen brauchen. Holland, das das Joch seiner Tyrannen abschüttelte und von da an bis nach dem Spanischen Erbfolgekrieg eine so große Rolle in Europa spielte, zählt heute kaum noch zu den Großmächten, weil die Regierung tief in Schulden steckt und, was noch schlimmer ist, keinen Kredit hat. Fährt Frankreich mit seiner jetzigen Mißwirtschaft fort, so kann es trotz seiner Machtfülle in Verfall geraten und seinen Nebenbuhlern verächtlich werden.

Diese Beispiele zeigen, daß keine Macht sich ohne geregelte Finanzwirtschaft Ansehen zu verschaffen vermag. Wenn schon Holland, Sachsen und Frankreich sich infolge ihrer schlechten Wirtschaft zugrunde richten, so wäre es um Preußen für immer geschehen, wollte es ihrem Vorgange folgen; denn, seine Macht beruht nicht auf innerer Kraft, sondern allein auf seinem Gewerbfleiß. Es ist eine alte Wahrheit: Preußen hat keine anderen Hilfsquellen als seine festen Einnahmen, und man kann im Falle der Bedrängnis vom eigenen Lande nur eine Anleihe von höchstens zwei Millionen erwarten. Wir besitzen weder ein Peru, noch reiche Handelskompagnien, noch eine Bank, noch soviel andere Hilfsquellen wie Frankreich, England und Spanien, aber durch Gewerbfleiß können wir dahin gelangen, neben ihnen eine Rolle zu spielen.

Die Finanzwirtschaft beruht auf Pünktlichkeit in den Einnahmen und auf Ordnung in den Ausgaben.

Einnahmen

Die Finanzeinnahmen umfassen sehr verschiedene Zweige. Alles, was Akzise und Kontribution heißt, gehört zum Bereich der Kriegskasse. Die Einkünfte aus den Krongütern (die mein Vater stark vermehrt hat), aus Salinen, Forsten, Zöllen, Post und Münze, alles zusammen bildet den Fonds, über den die Domänenkasse verfugt.

Ausgaben

Die festen Einnahmen des Staates belaufen sich auf 12 150 000 Taler und 1 Million von der Münze. Davon bezahlt Schlesien 3 400 000 Taler und die anderen Provinzen 8 750 000 Taler. Der Etat setzt sich folgendermaßen zusammen.

Die Kriegskasse bezahlt die Regimenter, die aus 135 600 Mann bestehen. Sie bestreitet den Unterhalt der Festungswerke, die Kosten für die Uniformen der Armee, für die Remonten der Kavallerie, für die Pulverfabrik, die jährlich 4000 Zentner Pulver herstellt. Sie bezahlt ferner die Gehälter für die Gouverneure, Kommandanten und einige andere Offiziere. Die Pferde-und Montierungskasse wird von General Massow so trefflich verwaltet, daß sie jährlich eine Ersparnis von 150 000 Talern erzielt. Dieser Fonds beträgt infolgedessen jetzt 765 000 Taler. Das ist aber nicht genug. Man muß mit den Ersparnissen einige Jahre fortfahren, um nicht allein 900 000 Taler in barem Gelde, sondern auch noch viele Vorräte, Wehrgehänge, Waffen, Zelte usw. fertig in den Zeughäusern zu haben.

Die Domänenkasse zahlt jährlich 1 700 000 Taler an die Kriegskasse, die ohne diesen Zuschuß die Truppen nicht bezahlen könnte. Sie bestreitet die Fahrgehälter, die Besoldung für die Gerichte und liefert einiges Geld an den Herrscher. Nach Bezahlung aller Kosten und Bestreitung aller Ausgaben bleibt von den Domänen ein Überschuß von 1 300 000 Talern nebst einer Million von der Münze, also im ganzen 2 300 000 Taler, um die der Staatsschatz jährlich vermehrt wird. Dieser ist für den Fall eines Unglücks, eines Krieges oder einer öffentlichen Not bestimmt.

Der Wert unserer Einrichtungen besteht darin, daß die Kassen niemals vermengt werden. Infolgedessen leben wir nicht auf Vorschuß, sondern legen jedes Jahr zurück. Unsere Zahlungen werden nicht auf Grund liederlicher Rechnungen oder mit Papier, sondern in guter Münze geleistet, und wir ändern im Laufe des Jahres nichts an der Ordnung des zu Beginn des Rechnungsjahres festgestellten Voranschlages.

Meine Einnahmen

Da das Gehalt, das ich vom Staate beziehe, für die militärischen Ausgaben, wie der hohe Sold des dritten Bataillons Garde, meine Überzähligen, die Uniformen und Tischgelder der Offiziere, fast ganz verbraucht wird, so habe ich meine Zuflucht zu anderen Fonds genommen, die alle zusammen beträchtliche Summen ausmachen und nicht in den Staatseinkünften einbegriffen sind. Ich habe mir 100 000 Taler aus Ostfriesland vorbehalten und die Einnahme aus den Forsten auf 180 000 Taler Überschuß gesteigert. Die Einkünfte aus der Post haben in diesem Jahre 110 000 Taler mehr als früher gebracht. Die Akzisen und Zölle aus Schlesien, der außerordentliche Verkauf von Salz und die Ersparnisse aus mehreren Fonds haben die Summe von 260 000 Talern geliefert. Die ostpreußischen Häfen haben 56 000 Taler über den Etat eingebracht. Die Ersparnisse bei den Domänenkammern belaufen sich, wenn es keine Unglücksjahre gibt, in Ostpreußen auf 30 000 Taler und in Litauen auf 20 000. Fügt man zu allen diesen Einnahmen, die unter meinem Vater nur sehr gering waren, einige außerordentliche Beträge aus den Domänen, so können sie jährlich auf durchschnittlich 700 000 Taler gebracht werden. Davon habe ich für mich 120 000 Taler genommen, die ein monatliches Gehalt von 10 000 Talern ausmachen. Alles übrige habe ich zum Wohle des Staates verwendet, teils für Festungsbauten, für die Artillerie, für die Remontekasse, teils für nützliche Einrichtungen im Lande. Ja, ich habe daraus sogar Zuwendungen an den Staatsschatz gemacht, zur Abrundung seines Bestandes und zum Ersatz für schlechte Münzen.

Wirtschaftspolitik

Charakteristik der Provinzen

Die zahlreichen Provinzen, aus denen der Staat besteht, erstrecken sich der Länge nach über mehr als halb Europa. Da sie unter verschiedenen Himmelsstrichen liegen und ihre Lage Handel, Sitten und Gebräuche bedingt, so lassen sie sich unmöglich bis ins einzelne nach gleichen Grundsätzen regieren.

Ostpreußen bringt eigentlich nur Getreide und Flachs hervor; die Krone besitzt hier eine große Anzahl von Pachtämtern. Da aber das rauhe Klima und die Überschwemmungen, denen die Provinz ausgesetzt ist, die Ernten oft vernichten, so muß man unaufhörlich in den Säckel greifen, um den Schaden zu vergüten. Die Provinz ist fast ohne jede Industrie und hätte viele gute Manufakturen nötig.

Die Kurmark, Pommern, Magdeburg und Halberstadt haben beinahe die gleichen Erzeugnisse und die gleiche Industrie. Diese Provinzen und mit ihnen Schlesien sind stets das Hauptfeld meiner Tätigkeit gewesen, und zwar aus folgendem Grunde: Sie bilden ein zusammenhängendes Gebiet, sind das Herz des Staates und lassen sich militärisch behaupten, während die anderen Provinzen entfernt liegen und in bestimmten Fällen nicht verteidigt werden können. Pommern und die Kurmark verkaufen Holz, Getreide, Tuche und alle Sorten Wollenstoffe ans Ausland.

Schlesien hat ganz abweichende Einrichtungen. Die Krone besitzt dort nur wenig Pachtämter. Die Kontributionen sind auf einem anderen Fuße geregelt. Geistlichkeit und Adel bezahlen hier im Verhältnis viel mehr als in irgendeiner anderen Provinz, und der Bauer weniger. Aus politischen Rücksichten ist der Bauer geschont worden, weil er die große Masse ausmacht, aber der Adel ist belastet, um bestimmte Magnaten uns vom Halse zu schaffen, die dem Hause Österreich anhingen. Sie haben ihre Güter in Schlesien denn auch größtenteils verkauft. Der Leinen-und Tuchhandel dieser schönen Provinz verdient Ermutigung durch die Herrscher. Die Leinwand bringt Schlesien fast ebensoviel ein wie Peru dem König von Spanien. Ich möchte der Nachwelt raten, nicht ohne sehr triftige Gründe an die von mir in Schlesien getroffenen Einrichtungen zu rühren.

Kleve hat keinerlei Ähnlichkeit weder mit Schlesien noch mit der Kurmark, noch mit Ostpreußen. Die Bevölkerung ist sehr träge. Bei dem geringen Waldbestand findet man schöne Kulturen. Fremde, die sich während meiner Regierung im Klevischen niederließen, haben gute Manufakturen eingeführt. Die Bauernhöfe liegen alle zerstreut und bilden nicht Dörfer wie hier und im Reich. Das Fürstentum Minden ähnelt den hiesigen Provinzen mehr. Die Gebräuche sind fast die gleichen. Die Leinenmanufakturen blühen, sind aber viel unbedeutender als in Schlesien. Ostfriesland ernährt sich allein von seinem Vieh und zieht viel Geld aus dem Ausland durch den Verkauf von Pferden, Kühen, Milch, Käse und Ziegeln, die nach dem ganzen Norden gehen.

Auf Grund eingehender Kenntnis aller dieser Gebiete ist für jede Provinz die Instruktion für den Präsidenten und für die Domänenkammer verfaßt. Alle nach den gleichen Gesetzen regieren wollen, hieße die Provinzen mutwillig verderben.

Allgemeine Grundsätze

(1768)

Die Wirtschaftspolitik ist sehr verwickelt. Sie erfordert viele Kenntnisse und großen Fleiß. Der Herrscher kann sich unmöglich mit all den winzigen Einzelheiten der Ausführung befassen. Seine Sache ist es, solide Grundsätze aufzustellen und von ihnen nicht abzuweichen.

Der erste Grundsatz, der allgemeinste und wahrste ist der, daß die wahre Kraft eines Staates in einer hohen Volkszahl liegt. Wollt Ihr ihn bestätigt haben, so vergleicht Holland, das etwa 40 deutsche Meilen lang und höchstens 15 breit ist, mit Sibirien, das gegen 300 Meilen lang und vielleicht 100 Meilen oder mehr breit ist. In Holland leben 3 Millionen fleißiger Einwohner, die der Republik 15 bis 16 Millionen Taler entrichten. Dies Land hielt allein den Krieg gegen König Philipp von Spanien, seinen Bedrücker und Tyrannen, aus. Sibirien zählt auf seinem ungeheuren Gebiet nur 600 000 Einwohner, von denen Rußland keine 300 000 Taler bezieht, und der erste beste Eroberer könnte diese Wüsteneien unterjochen, denen es an Armen zur Bebauung und Verteidigung fehlt. Wie Ihr seht, ist es also nicht der weite Gebietsumfang, sondern die Zahl fleißiger Einwohner, worauf es ankommt. Ich könnte diesen Vergleich unendlich weiterführen, von Schweden und England, von Polen und Deutschland reden, falls das Gesagte zum Beweis des obigen Satzes nicht schon hinreichte.

Um diesen Grundsatz in die Praxis zu übertragen, gibt es zwei Mittel: erstens alle anbaufähigen Ländereien urbar zu machen und Kolonisten anzusetzen; zweitens die Manufakturen zu vermehren. Ich habe beide Mittel angewandt und keine Kosten gescheut, um Dörfer längs der Oder, Netze und Warthe anzulegen, in Ostpreußen einen Sumpf zu entwässern und urbar zu machen, die meisten Vorwerke in Dörfer zu verwandeln, um eine große Zahl von Wollspinnern anzusiedeln, die auf dem platten Land fehlten. Das meiste ist in dieser Hinsicht getan, aber keineswegs alles vollendet.

Was die Manufakturen betrifft, so habe ich die Tuchfabriken vermehrt, hier wie in Schlesien und in den Provinzen, wo es gute Wolle gibt. Ich habe sämtliche bestehenden Seidenfabriken geschaffen, nicht um Seide auszuführen, sondern zur Deckung des eigenen Bedarfs. Ich habe eine Anzahl von Eisenhämmern in Gegenden angelegt, wo das Holz mangels eines nahen Wasserweges im Walde verfaulte. Alle Baumwoll-und Barchentspinnereien habe ich gegründet, ebenso die Spitzenfabriken, Steingut-und Porzellanmanufakturen, die englischen Gerbereien, die das Leder für Kavalleriestiefel bearbeiten, Webereien für Strümpfe und Handschuhe, Etamin und Manchester, wie ihn Desjardins herstellt, Leinenbleichereien im Fürstentum Halberstadt, kurz, ich habe große Ausgaben gemacht, um fleißige Hände ins Land zu ziehen und die Arbeit zu fördern. Für 1769 will ich noch 20 000 Taler zur Ermunterung der Seidenindustrie ausgeben, und ich hoffe, dadurch einen so nützlichen Gewerbszweig fest begründet zu haben.

Ich kehre zum Ackerbau zurück. Wir haben viel Sandboden. Wäre unser Boden besser, so könnten wir die Einwohnerzahl in vielen Gegenden verdoppeln. Da dies nicht angeht, wurden Sandgegenden mit Fichten bepflanzt. Dadurch gewinnen wir Brennholz für die Landbevölkerung und sparen uns somit das Bauholz aus den Forsten, das ans Ausland verkauft werden kann.

Die Wirtschaftspolitik fordert, wie gesagt, die Vermehrung der Bevölkerung, soweit sich Mittel dazu finden. Sie fordert aber auch die möglichste Erhaltung des Volksvermögens, damit es nicht unnötig ins Ausland abwandert. Dies ist der Grundsatz bei der Aufstellung der Akzise-und Zolltarife, darum besteuern wir unbarmherzig alle Waren, die wir selbst herstellen, und unsere Bodenerzeugnisse. So verhindern wir auch, daß wir durch übertriebenen Luxus bettelarm werden. Aus den Einfuhrlisten erfahren wir ferner, was ins Land kommt; auf ihrer Grundlage baut man seine Berechnungen auf und zieht neue Industrien ins Land, um fremde Waren entbehren zu können.

Unser Volk ist schwerfällig und träge. Mit diesen zwei Fehlern hat die Regierung immerfort zu kämpfen. Durch Euren Antrieb bringt Ihr die Masse in Bewegung, aber sie kommt sofort zum Stillstand, sobald der Antrieb einen Augenblick nachläßt. Niemand kennt etwas anderes als den alten Brauch. Man liest wenig, kümmert sich wenig darum, wie es anderswo hergeht, und erschrickt daher bei allem Neuem. Ich habe meinem Volke nichts als Gutes erwiesen, und doch glaubt es, ich wollte ihm das Messer an die Kehle setzen, sobald es sich um eine zweckmäßige Reform oder eine notwendige Änderung handelt. In solchen Fällen bin ich meinen ehrlichen Absichten, der Stimme meines Gewissens und meiner langen Erfahrung gefolgt und ruhig meinen Weg gegangen.

Politik

Politik ist die Kunst, mit allen geeigneten Mitteln stets den eigenen Interessen gemäß zu handeln. Dazu muß man seine Interessen kennen, und um diese Kenntnis zu erlangen, bedarf es des Studiums, geistiger Sammlung und angestrengten Fleißes.

Die Politik der Herrscher zerfällt in zwei Teile. Der eine betrifft die innere Verwaltung; er umfaßt die Interessen des Staates und die Erhaltung des Regierungssystems. Der zweite Teil schließt das ganze politische System Europas in sich und verfolgt das Ziel, die Sicherheit des Staates zu befestigen und, soweit möglich (auf gewohnten und erlaubten Wegen), die Zahl der Besitzungen, die Macht und das Ansehen des Fürsten zu mehren.

Innere Politik

Die Finanzwirtschaft, die ich soeben dargelegt habe, bildet einen Teil der inneren Politik. Aber das ist nicht alles. Noch mancherlei ist zu beachten. Zunächst gilt es, den Geist der Völker, die man regieren soll, zu erfassen, damit man weiß, ob sie mild oder streng regiert werden müssen, ob sie rebellisch sind, ob sie zu Unruhen, Intriguen, zur Spottlust usw. neigen, worin ihre Talente bestehen und zu welchen Ämtern sie sich am meisten eignen. Die nachfolgenden Urteile über die Völker, die ich zu regieren die Ehre habe, beziehen sich nur auf den Durchschnitt. Davon sind stets einige auszunehmen, die edler oder lasterhafter veranlagt sind als ihre Mitbürger.

Charakteristik der Provinzen

Ich habe die Erfahrung gemacht, daß die Ostpreußen feinen und gelenken Geistes sind, daß sie Geschmeidigkeit besitzen (die in Abgeschmacktheit ausartet sobald sie nicht aus ihrer Provinz herauskommen). Man beschuldigt sie der Falschheit, aber ich glaube nicht, daß sie falscher sind als andere. Viele Ostpreußen haben gedient und dienen noch mit Auszeichnung, sowohl im Heere wie in der Verwaltung. Aber ich würde wider besseres Wissen handeln, wollte ich einen einzigen von denen, die ich persönlich kennen gelernt habe, der Falschheit bezichtigen.

Die Pommern haben einen geraden und schlichten Sinn. Unter den Untertanen aller Provinzen eignen sie sich am besten für den Kriegsdienst wie für alle anderen Ämter. Nur mit diplomatischen Verhandlungen möchte ich sie nicht betrauen, weil ihr Freimut nicht für Geschäfte paßt, bei denen man der Schlauheit mit Schläue begegnen muß.

Der Adel der Kurmark ist genußsüchtig. Er besitzt weder den Geist der Ostpreußen noch die Solidität der Pommern. Der magdeburgische Adel besitzt mehr Scharfsinn und hat einige große Männer hervorgebracht.

Die Niederschlesier sind das, was man brave Menschen nennt, etwas beschränkt: das ist aber nur die Folge ihrer schlechten Erziehung. Sie sind eitel, lieben Luxus, Verschwendung und Titel, hassen stetige Arbeit und den zähen Fleiß, den die militärische Zucht erfordert. Wer dem schlesischen Adel eine bessere Erziehung beibringt, wird ihm wie Prometheus das himmlische Feuer schenken. Der oberschlesische Adel besitzt die gleiche Eitelkeit, dabei mehr Geist, aber auch weniger Anhänglichkeit an die preußische Regierung, da er stockkatholisch ist und die Mehrzahl seiner Verwandten unter österreichischer Herrschaft steht.

Die Edelleute der Grafschaft Mark und des Mindener Landes haben dem Staate gute Untertanen geliefert. Bei ihrer etwas groben Erziehung fehlt ihnen der Schliff des Weltmanns. Aber sie haben dafür ein Talent, das höher steht: sie machen sich dem Vaterlande nützlich.

Der Klevische Adel ist dumm, wirr und im Rausche gezeugt. Er besitzt weder angeborene noch erworbene Talente.

Im großen und ganzen stellt der Adel eine Körperschaft dar, die Achtung verdient. Besonders hebe ich den pommerschen, ostpreußischen, märkischen und magdeburgischen Adel, sowie den Adel von Minden und der Grafschaft Mark hervor. Dieser würdige Adel hat Gut und Blut im Dienste des Staates geopfert. Seine Treue und seine Verdienste müssen ihm den Schutz aller seiner Herrscher sichern. Es ist ihre Pflicht, die verarmenden Familien zu unterstützen und sie im Besitze ihrer Güter zu erhalten. Denn der Adelsstand bildet die Grundlage und die Säulen des Staates.

Geist des Volkes

In Preußen sind keine Parteiungen und Empörungen zu befürchten. Der Herrscher braucht nur milde zu regieren und sich vor einigen verschuldeten oder unzufriedenen Edelleuten oder vor einigen Domherren und Mönchen in Schlesien zu hüten. Aber auch die sind keine offenen Feinde: ihre Machenschaften beschränken sich auf Spionendienste für unsere Feinde.

Nur bei wenigen Anlässen ist Strenge geboten. Ich habe bisher das Glück gehabt, mehr über Mangel an Belohnungen für verdiente Männer als über Mangel an Gefängnissen zur Einsperrung von Missetätern klagen zu müssen.

Außer diesen allgemeinen und allzu unbestimmten Kenntnissen muß der Herrscher Menschenkenntnis besitzen und die Leute ergründen, deren er sich bedienen will. Er muß ihre Verdienste ihre starken und schwachen Seiten in Erfahrung bringen, um jeden seinen Fähigkeiten entsprechend zu verwenden. Herrscher, die ihre Minister und Generale allein nach ihrer äußeren Erscheinung beurteilen, übertragen die Verwaltung ihrer Finanzen einem Schurken von liebenswürdigem Äußern, eine kühne Unternehmung im Felde einem langsamen General, den sie für tatenlustig hielten, einen Auftrag, der Klugheit erheischt, einem Leichtfuß, der die Ehre genießt, ihnen Kuppeldienste zu leisten. Dadurch verderben sie alles. Nur wenige Menschen sind ohne Talent geboren. Jeden auf den rechten Platz stellen, heißt doppelten Vorteil aus allen ziehen. Dann täuscht man sich nicht und gibt dem Staatskörper erhöhte Kraft und Stärke, weil alles in seinem Dienste steht und alles nützliche Dienste zu leisten vermag.

Regierungssystem

(1768)

Die allgemeine Verwaltung besteht aus 6 Departements: 1. Justiz, 2. Krieg, 3. Finanzen, 4. Handel und Manufakturen, 5. das Kriegskommissariat, 6. auswärtige Angelegenheiten.

Herr von Jariges steht an der Spitze der Justizverwaltung und versieht sein Amt mit vorbildlicher Unbestechlichkeit. Die Gerichte in den Provinzen sind ihm untergeordnet. Alle Zivilprozesse werden nach den Gesetzen entschieden; der Herrscher hat nur die Pflicht, sie in Kraft zu erhalten. Wo es sich aber um Sein oder Nichtsein der Staatsbürger handelt, hat der Herrscher die Urteile nachzuprüfen, damit er die Strenge der Gesetze in allen Fällen mildern kann, wo Gnade am Platze ist.

Alles, was mit dem Kriege zusammenhängt, habe ich stets selbst behandelt; denn ich hielt es für meine Pflicht, Heerführer und Inspekteur zu sein. Will man Ordnung in seinen Geschäften haben, so muß man sich selbst darum kümmern. Und da alles, was das Heerwesen betrifft, von größter Wichtigkeit ist, hielt ich es für meine Pflicht, mir diese Aufgabe vorzubehalten. Ich bin dabei gut gefahren, und ich rate meinen Nachfolgern, es ebenso zu machen, oder sie werden es bald zu bereuen haben. Sagt doch das Sprichwort: »Herrenauge macht die Pferde fett«. Um so mehr kann man sagen: »Herrenauge zwingt die Offiziere, ihre Pflicht zu tun.«

Das Generaldirektorium, das in 6 Departements zerfällt, hat bei uns die Aufsicht über die Finanzen. Ich habe ihm die Sachen von untergeordneter Bedeutung überlassen und nur die Leitung in allen wichtigen Fragen behalten; denn jede Angelegenheit ist in den eigenen Händen am besten aufgehoben.

Das Departement für Handel und Manufakturen ist neu. Ich habe es dem Generaldirektorium angegliedert. Auch hier gebe ich nur die großen Richtlinien an und überlasse die Einzelheiten anderen; denn es ist unmöglich, daß ein Herrscher sich um diese kümmert.

Das Kriegskommissariat ist nur ausführendes Organ. Ich schreibe auch ihm alles vor, was es zu tun hat.

Die auswärtige Politik schließlich umfaßt alle Streitfragen, Chikanen, Unterhandlungen und Staatsverträge mit fremden Mächten. Ich habe den Leitern dieses Departements alle Reichsangelegenheiten überlassen, da sie zu vielen Auseinandersetzungen führen und man dabei immerfort auf die alten Verfassungen, Familienverträge, Gesetze und Testamente zurückgreifen muß. Das würde meine ganze Zeit verschlingen, ohne daß ich weit damit käme. Dafür habe ich mir die Hauptgeschäfte der auswärtigen Politik vorbehalten, nämlich die Unterhandlungen mit den Großmächten, die Vertragsschlüsse, die Intriguen (denn ohne sie geht es nicht) und schließlich alles, was zu den Lebensinteressen des Staates gehört.

Ich habe nie einen Ministerrat abgehalten; denn recht besehen, gibt es nichts Schädlicheres. Jede Regierung bedarf eines Systems, und es ist ausgeschlossen, daß viele Köpfe so viele verschiedene Interessen einheitlich zusammenfassen und unverrückbar auf das gleiche Ziel hinstreben können. Anders ein Herrscher, der in seiner Hand alle Zweige der Regierung bereinigt, der sie wie ein Dreigespann Stirn an Stirn lenkt und sie dem vorgesteckten Ziele entgegenführt. Zudem muß man sich darauf gefaßt machen, daß jede Beratung, bei der viele zugegen sind, nie ganz geheim bleibt, daß unter ihren Teilnehmern Männer sind, die sich befeinden oder aus Eigensinn auf ihrer Meinung beharren, und daß somit mehr Nachteil als Vorteil daraus entsteht. Ein Herrscher, der sich auf seine Geschäfte versteht, sie einheitlich zusammenfaßt und richtig rechnet, kommt allein viel weiter als mit allen Ministerräten. Er handelt mit Nachdruck und Tatkraft und wahrt das Geheimnis, was nie geschehen kann, wenn sechs bis sieben Personen zusammenkommen müssen, um sich über einen Entschluß zu einigen. Daraus schließe ich, daß der Herrscher seine Rolle gut studieren muß, damit er imstande ist, selber zu regieren. Das ist in allen Staaten von Vorteil und in unserem unerläßlich, weil wir einen Mittelpunkt brauchen.

Die Zweige einer Regierung sind doch eben nur Zweige. Die Minister beschränken sich darauf, den ihnen anvertrauten Teil schlecht und recht zu erledigen; um das übrige kümmern sie sich wenig. Der Herrscher muß also selbst regieren, wenn er dazu fähig ist, oder er muß sich einen Premierminister nehmen, wie es soviele europäische Herrscher und Könige getan haben.

Sehen wir jedoch zu, was dabei herauskommt. Beispiele aus der Geschichte anderer Völker und solche aus unserem eigenen Hause mögen Euch darüber aufklären, wie Ihr Euch zu verhalten habt und was Eure Pflichten fordern. Selten besitzt ein Premierminister die gleiche Autorität wie der rechtmäßige Herrscher. Die meisten haben sie mißbraucht, Richelieu durch Hochmut und Rachsucht, Mazarin durch Eigennutz. Richelieu vollbrachte Großes unter Ludwig XIII. Trotzdem scheint es sicher, daß ein aufgeklärter König, dem naturgemäß die Interessen seines Staats mehr am Herzen liegen, mehr geleistet und er den Krieg gegen Spanien und Deutschland mit größerem Nachdruck geführt hätte. Ludwig XIV. herrschte selbst, und so wurde Frankreich das erste Reich der Welt, bis die geistigen Kräfte des Königs verfielen. Ludwig XV. hatte Premierminister; Fleury war der letzte. Dann wollte der König selbst regieren. Aber seine Trägheit und Lässigkeit machte ihn unfähig dazu, und so schenkte er sein schwankendes Vertrauen bald dem einen, bald dem anderen Minister. Ein elendes Frauenzimmer, die Tochter eines obskuren Lieferanten, beherrschte unter ihm das Königreich. Frankreich hat kein System, jeder Fachminister macht sich sein eigenes zurecht, und der Nachfolger tut das Gegenteil des Vorgängers. Die Wirkungen davon seht Ihr am Vertrag von Versailles, an dem schmachvollen Kriege, den die Franzosen in Deutschland, zur See und in Amerika geführt haben, an ihrer lächerlichen Expedition nach Marokko und den Händeln mit Genf, schließlich in der Unternehmung gegen Korsika.

Wollt Ihr einen Blick auf die Geschichte Eures eigenen Hauses werfen, so geht bis auf Georg Wilhelm zurück. Sein Premierminister, Graf Schwartzenberg, verriet ihn. Er hatte weder Truppen, noch Geld, noch ein System; und so berichtet die Geschichte von der Schmach, die ihm Österreich und Schweden antaten, vom Ruin seiner Staaten und der furchtbaren Erniedrigung, in der er lebte. Dann kam der Kurfürst Friedrich Wilhelm, der mit Recht der Große genannt wird, nicht nur, weil er selbst regierte, sondern weil er den Staat wiederherstellte und die festen Grundlagen seiner Größe schuf. Sein Sohn Friedrich I. war ein Schwächling. Er ließ sich von seinen Ministern leiten, besonders vom Grafen Wartenberg. Er erwarb eine Würde ohne Macht, die schwer auf dem Schwachen lastete, seiner Herrschereitelkeit schmeichelte, aber seine Macht nicht vermehrte. Er entvölkerte sein durch den Dreißigjährigen Krieg verwüstetes Land vollends, indem er Truppen und Rekruten im Dienste des Kaisers nach Flandern und Italien sandte. Sein Vater hatte mehr Einsicht und kannte alle Fehler der Verwaltung. Er sah ein, daß er sich zum Wiederaufbau des Staates auch mit den kleinsten Einzelheiten abgeben mußte. Er bevölkerte das durch die Pest verheerte Ostpreußen neu. Er ermunterte den Ackerbau, machte weite Landstrecken urbar, legte die notwendigsten Manufakturen an, brachte Ordnung und Pünktlichkeit in die Einnahmen und Ausgaben. Er eroberte einen Teil von Schwedisch-Pommern mit der Stadt Stettin und brachte sein Heer von den 24 000 Mann, die er vorgefunden hatte, bis zu seinem Tode auf 66 000 Mann.

Diese Beispiele bedürfen keines weiteren Kommentars. Der Grundsatz ist offenbar und handgreiflich: der Herrscher hat die Pflicht und muß sich bemühen, selbst zu regieren. Er soll an der Spitze aller Regierungszweige stehen, vor allem seine Truppen im Kriege selbst führen. Es ist sein Vorteil und der seines Volkes, wenn er dies tut. Auf die Dauer werden die Herrscher, die am fleißigsten, beharrlichsten, systematischsten und in ihren Grundsätzen am unerschütterlichsten sind, den Sieg über ihre Nachbarn davontragen, die ihre Geschäfte nur oberflächlich behandeln und die Zügel der Regierung ihren Ministern überlassen. Denn wie ich wohl schon sagte, bedarf es eines Mittelpunktes, in dem alle Fäden der Regierung zusammenlaufen. Führt nicht alles zum gleichen Zweck, arbeitet nicht alles auf das gleiche Ziel hin, so wird es stets Mängel in der Regierung geben, sei es im Heerwesen, in den Finanzen oder in der äußeren Politik.

Soll ein Fürst selbst regieren?

In einem Staate wie Preußen ist es durchaus notwendig, daß der Herrscher seine Geschäfte selbst führt. Denn ist er klug, wird er nur dem Staatsinteresse folgen, das auch das seine ist. Ein Minister dagegen hat, sobald seine eigenen Interessen in Frage kommen, stets Nebenabsichten. Er besetzt alle Stellen mit seinen Kreaturen, statt verdienstvolle Leute zu befördern, und sucht sich durch die große Zahl derer, die er an sein Schicksal kettet, auf seinem Posten zu befestigen. Der Herrscher dagegen wird den Adel stützen, die Geistlichkeit in die gebührenden Schranken weisen, nicht dulden, daß die Prinzen von Geblüt Ränke spinnen, und das Verdienst ohne jene eigennützigen Hintergedanken belohnen, die die Minister bei allen ihren Handlungen hegen.

Ist es aber schon notwendig, daß der Herrscher die inneren Angelegenheiten seines Staates selber lenkt, um wieviel mehr muß er dann seine äußere Politik selbst leiten, die Allianzen schließen, die ihm zum Vorteil gereichen, seine Pläne selber entwerfen und in bedenklichen und schwierigen Zeitläuften seine Entschlüsse fassen.

Bei dem innigen Zusammenhang zwischen Finanzen, innerer Verwaltung, äußerer Politik und Heerwesen ist es unmöglich, einen dieser Zweige ohne Rücksicht auf die anderen zu behandeln. Sobald das geschieht, fahren die Fürsten schlecht.

In Frankreich regieren vier Fachminister das Königreich: der Finanzminister unter dem Namen des Generalkontrolleurs, der Marineminister, der Kriegsminister und der Minister der auswärtigen Angelegenheiten. Diese vier Könige verständigen und vertragen sich nie. Daher kommen all die Widersprüche, die wir in der französischen Regierung sehen. Eifersüchtig stößt der eine um, was der andere mit Geschick aufbaut. Da gibt es kein System, keinen Plan, der Zufall herrscht, und alles ist in Frankreich der Spielball der Umtriebe am Hofe. Die Engländer erfahren alles, was in Versailles vorgeht. Da gibt es kein Geheimnis, und folglich läßt sich auch keine Politik treiben.

Eine gut geleitete Staatsregierung muß ein ebenso fest gefügtes System haben wie ein philosophisches Lehrgebäude. Alle Maßnahmen müssen gut durchdacht sein, Finanzen, Politik und Heerwesen auf ein gemeinsames Ziel steuern: nämlich die Stärkung des Staates und das Wachstum seiner Macht. Ein System kann aber nur aus einem Kopfe entspringen; also muß es aus dem des Herrschers hervorgehen. Trägheit, Vergnügungssucht und Dummheit: diese drei Ursachen hindern die Fürsten an ihrem edlen Berufe, für das Glück ihrer Völker zu wirken. Solche Herrscher machen sich verächtlich, werden zum Spott und Gelächter ihrer Zeitgenossen, und ihre Namen geben in der Geschichte höchstens Anhaltspunkte für die Chronologie ab. Sie vegetieren auf dem Throne, dessen sie unwürdig sind, und denken nur an das liebe Ich. Ihre Pflichtvergessenheit gegen ihre Völker wird geradezu strafbar. Der Herrscher ist nicht zu seinem hohen Rang erhoben, man hat ihm nicht die höchste Macht anvertraut, damit er in Verweichlichung dahinlebe, sich vom Marke des Volkes mäste und glücklich sei, während alles darbt. Der Herrscher ist der erste Diener des Staates. Er wird gut besoldet, damit er die Würde seiner Stellung aufrechterhalte. Man fordert aber von ihm, daß er werktätig für das Wohl des Staates arbeite und wenigstens die Hauptgeschäfte mit Sorgfalt leite. Er braucht zweifellos Gehilfen. Die Bearbeitung der Einzelheiten wäre zu umfangreich für ihn. Aber er muß ein offenes Ohr für alle Klagen haben, und wem Vergewaltigung droht, dem muß er schleunig sein Recht schaffen. Ein Weib wollte einem König von Epirus eine Bittschrift überreichen. Hart fuhr er sie an und gebot ihr, ihn in Ruhe zu lassen. »Wozu bist du denn König«, erwiderte sie, »wenn nicht, um mir Recht zu schaffen?« Ein schöner Ausspruch, dessen die Fürsten unablässig eingedenk sein sollten.

Wie gekreuzte, mit Lorbeeren durchflochtene Schwerter das Gehäuse des Kompasses tragen, so ruht der preußische Staat auf der Armee, geben Ehre und Ruhm der Nadel des Kompasses die Richtung. So ist auch Macht und Ansehen, Wohlfahrt und Sicherheit des Landes das Ziel, für das der Herrscher seine ganze Kraft einzusetzen hat.

Äußere Politik

Das politische System von 1752

Man muß das christliche Europa als eine Republik von Herrschern auffassen, die in zwei mächtige Parteien zerfällt. Seit fünfzig Jahren haben Frankreich und England die Initiative ergriffen. Bei dem Gegensatz ihrer Interessen und ihrem alten Haß vertragen sich diese beiden Monarchien nur, wenn ihre Länder menschenarm geworden und alles Geld in ihren Truhen vertan ist. Mag Rußland mit Schweden oder Polen Krieg führen, das Haus Österreich die Freiheit der Reichsstände bedrohen, in Parma oder in Schlesien einfallen – sofort ergreifen die beiden Vormächte Partei, und durch die Menge ihrer beiderseitigen Verbündeten entsteht ein Gleichgewicht der Mächte, das zur Gleichheit der Kräfte zwischen Angreifer und Angegriffenen führt. Bricht ein kriegerischer Fürst den Frieden zu einer Zeit, wo Frankreich und England sich darüber einig sind, den Krieg vermeiden, so ist anzunehmen, daß sie den Kriegführenden ihre Vermittlung anbieten und aufzwingen werden. Einmal bestehend, verhindert dies politische System in Europa große Eroberungen und schlägt die Kriege mit Unfruchtbarkeit, wenn sie nicht mit überlegener Macht und unausgesetztem Glück geführt werden.

Die preußischen Provinzen

Die Provinzen der preußischen Monarchie liegen fast alle voneinander getrennt. Der Kern des Staates, in dem seine Kraft ruht, umfaßt die Kurmark, Pommern, Magdeburg, Halberstadt und Schlesien. Diese Provinzen bilden das Herz des Staates. Sie verdienen in erster Linie die Fürsorge des Herrschers; denn in ihnen kann er gründliche Maßnahmen treffen, sowohl für die inneren Verhältnisse wie für die Landesverteidigung.

Ostpreußen ist von Pommern durch Polnisch-Preußen getrennt; es grenzt an Polen und Rußland, dessen Zarin in Kurlands allmächtig ist. Das Herzogtum Kleve und Ostfriesland berühren sich mit Holland. Schlesien stößt an Böhmen und Mähren, ja sogar an Ungarn. Die Kurmark und das Herzogtum Magdeburg umschließen Sachsen; Pommern ist nur durch die Peene von den deutschen Besitzungen des Königs von Schweden geschieden, und das Fürstentum Minden ist von Gebieten von Hannover, Münster, Hessen-Kassel, Hildesheim und Braunschweig durchsetzt.

Wie Ihr seht, macht uns diese geographische Lage zu Nachbarn der größten europäischen Herrscher. Alle diese Nachbarn sind ebenso viele Neider oder geheime Feinde unserer Macht. Die Lage ihrer Länder, ihr Ehrgeiz, ihre Interessen, alle diese verschiedenen Faktoren bilden die Grundlage ihrer mehr oder minder versteckten Politik, je nach den Zeitläuften und Verhältnissen.

Unser System

Bei der heutigen Lage der Dinge kann es Preußen nie an Bundesgenossen fehlen. Um die rechte Wahl zu treffen, muß man sich von jedem persönlichen Haß, sowie von jedem günstigen und ungünstigen Vorurteil freimachen. Das Staatsinteresse ist der einzige Leitstern im Rat der Fürsten. Zumal seit der Erwerbung Schlesiens verlangt unser gegenwärtiges Interesse, daß wir im Bunde mit Frankreich und ebenso mit allen Feinden des Hauses Österreich bleiben. Die Politik des Versailler Hofes bestand stets darin, sich der Vergrößerung und dem Despotismus der Kaiser zu widersetzen. Preußen hat die gleichen Interessen. Die Franzosen stehen stets auf gespanntem Fuße mit den Engländern, wir desgleichen mit Hannover. Es handelt sich also um dasselbe, und die Interessen beider Kronen befinden sich in Übereinstimmung. Frankreich kann Preußen unterstützen, indem es Diversionen in Flandern oder am Rhein ausführt, im Lauf eines Krieges die Pforte gegen Rußland oder Österreich aufwiegelt und Truppen deutscher Fürsten in Sold nimmt, um sie Preußen zur Verfügung zu stellen. Aus allem Gesagten geht hervor, daß dies Bündnis natürlich ist, daß alle Interessen beider Höfe übereinstimmen, und daß es seine Entstehung somit mehr der europäischen Konjunktur als dem Geschick der Unterhändler verdankt.

Wie ansehnlich diese Allianz, selbst Schweden und viele deutsche Fürsten inbegriffen, aber auch ist, so baue ich doch durchaus nicht auf die Hilfe dieser Bundesgenossen, sondern rechne nur mit meinen eigenen Kräften.

Noch eins möchte ich diesen Betrachtungen hinzufügen. Wären wir mit England und dem Hause Österreich verbündet (abgesehen davon, daß dies gegen unsere Interessen liefe), so könnten wir uns bei dieser Mächtegruppierung keinerlei Gebietszuwachs versprechen. Dagegen können wir im Bündnis mit Frankreich im Kriegsfall auf Eroberungen hoffen, wofern uns das Waffenglück nur ein wenig lächelt.

Welchen Gewinn wir uns aber auch von einem Kriege versprechen mögen, mein jetziges System beruht auf der Erhaltung des Friedens, solange es möglich ist, ohne die Majestät des Staates zu verletzen; denn Frankreich befindet sich in völliger Erschlaffung. Seine schlechte Finanzwirtschaft macht es ihm fast unmöglich, auf dem Kriegsschauplatz mit der ihm gebührenden Kraft und Würde aufzutreten. Ferner ist Schweden nur ein leerer Name, aber keine Macht. Endlich hat sich Frankreich aus Nachlässigkeit Spanien abspenstig machen lassen, und das bringt uns um den Vorteil einer Diversion in Italien. Noch andere Gründe kommen hinzu. Es frommt uns nicht, noch einmal den Krieg anzufangen. Eine glänzende Tat wie die Eroberung Schlesiens gleicht den Büchern, deren Originale einschlagen, aber deren Nachahmungen abfallen. Durch die Eroberung dieses schönen Herzogtums haben wir den Neid ganz Europas erregt und alle unsere Nachbarn aufgeschreckt. Mein Leben ist zu kurz, um sie uns gegenüber wieder in Sicherheit einzuwiegen.

Wäre ferner ein Krieg für uns ratsam, solange Rußland stark gerüstet an unseren Grenzen steht, nur des Augenblicks gewärtig, um loszuschlagen (was es freilich nur mit Hilfe englischer Subsidien vermag), ja wo eine Diversion dieser Macht alle unsere Pläne vom ersten Kriegstage an über den Haufen würfe?

Unter solchen Verhältnissen ist es am sichersten, den Frieden zu wahren und in aufrechter Haltung neue Ereignisse abzuwarten. Sollen diese unseren Unternehmungen förderlich sein, so müßte Bestushew, der Zar-Minister Rußlands, der im Solde des Wiener Hofes steht, in Ungnade fallen, und man müßte seinen Nachfolger durch starke Summen gewinnen. Ferner müßte England durch den Tod seines Königs in die Wirren einer vormundschaftlichen Regierung geraten. Ein Soliman müßte auf dem türkischen Thron sitzen, und ein ehrgeiziger und allmächtiger Premierminister in Frankreich herrschen. Alsdann, bei dieser oder ähnlicher Gestaltung der Lage, ist es Zeit, zu handeln, aber auch dann ist es nicht nötig, als erster auf dem Plan zu erscheinen. Nach meiner Ansicht müßte man das erste Kriegsfeuer verrauchen lassen und erst zu den Waffen greifen, wenn die Anderen vom Kampfe erschöpft sind. Solch vorsichtiges Verhalten würde uns um so größeren Vorteil bringen, als wir finanziell außerstande sind, einen langen Krieg zu fuhren. Aber wir könnten allemal die drei bis vier letzten Feldzüge aushalten, nach dem Grundsatz des Kardinals Fleury: Sieger bleibt, wer den letzten Taler in der Tasche hat.

Die Zukunft Deutschlands

Hier drängt sich die Frage auf: Wird sich die veraltete, wunderliche Reichsverfassung erhalten, oder läßt sich eine Änderung voraussehen? Ich bin der Meinung, sie wird sich dank der Eifersucht der Reichsfürsten wie der Nachbarmächte erhalten. Trotzdem glaube ich, daß die Zahl der kleinen Fürsten und namentlich der Reichsstädte ständig abnehmen wird. Ich selbst habe miterlebt, wie das Herzogtum Zeitz, Merseburg und Weißenfels durch Erbschaft an Sachsen fielen. Ostfriesland kam an Preußen, die Grafschaft Hanau an den Landgrafen von Hessen (1736), Sachsen-Lauenburg an Hannover. Nach dem Erlöschen des bayrischen Hauses werden Bayern, die Pfalz und das Herzogtum Zweibrücken einen einzigen Staat bilden. Das Haus Hannover wird sicherlich im Besitz des Bistums Osnabrück bleiben, sobald es ihm nach dem Tode des Kurfürsten von Köln zugefallen ist. Preußen kann die Erbfolge in Mecklenburg und in den fränkischen Markgrafschaften antreten. Somit werden die Kleinstaaten allmählich von den großen verschluckt werden. Das gleiche Los harrt der Reichsstädte. Der König von Dänemark begehrt Hamburg, Sachsen begehrt Erfurt, der Kurfürst von Bayern Augsburg, der Herzog von Württemberg Ulm; der Kurfürst von der Pfalz steckte gern Frankfurt am Main ein, und der Kurfürst von Hannover wird sich nicht die Gelegenheit entgehen lassen, die Hand auf Bremen und Lübeck zu legen. Anders steht es mit den geistlichen Fürstentümern. Die Zeit, wo man sie säkularisierte, wie im Westfälischen Frieden, ist vorüber. Nur das Bistum Osnabrück könnte seinen Charakter wechseln. Die anderen sind sämtlich katholisch, somit werden sich der Papst und alle Katholiken ihrer Säkularisierung widersetzen; auch möchte kein katholischer Fürst sie besitzen.

Prüfe ich derart die Lage des Reiches, so ist es mir wahrscheinlich, daß die Kaisermacht ständig sinken wird; denn wenn sich die Kurfürsten zusammentun und sich auf Frankreich stützen, kann ihre zunehmende Wacht ein Gegengewicht gegen die Kaisermacht bilden. Deshalb fürchtet man in Wien auch den Machtzuwachs der Kurfürsten-und Herzoghäuser. Aber die Kaiser vermögen nichts dagegen, sobald diese Vergrößerung auf dem legitimen Wege unbestreitbaren Erbrechtes vor sich geht.

Vielleicht wundert Ihr Euch, daß ich die Worte »Haus Österreich«, »Kaiser« und »Wiener Hof« als Wechselbegriffe gebrauche. Das geschieht aber mit Vorbedacht. Man wird das Haus Österreich nicht sobald von dem Kaiserthron verdrängen. Dazu müßte man ihm ein mächtiges Haus entgegensetzen, das, von guten Bundesgenossen unterstützt, die höchste Würde mit bewaffneter Hand fordern kann. Wir sahen den letzten Kaiser aus dem Haus Bayerns Schiffbruch erleiden, weil er zu schwach war, um der Macht der Königin von Ungarn Widerstand zu leisten, und heute kann kein Kurfürst dem jungen Erzherzog Joseph gegenüber als Bewerber um die Kaiserwürde auftreten. Ist einmal Bayern mit der Pfalz vereinigt, so kann der Kurfürst im Besitz dieser Lande vielleicht den Wettbewerb mit dem neuen Haus Österreich aufnehmen und ihm die Kaiserwürde streitig machen; dann bleibt aber noch die Frage offen, ob der Kurfürst die nötigen Eigenschaften besitzt, um einen so hochfliegenden Plan auszuführen.

»Aber«, wird man einwenden, »muß ein Kaiser denn katholisch sein? Warum denkst du denn nicht daran, deinem Hause diese Würde zu erwerben?« Ich antworte: Kein Gesetz schließt die Protestanten von dem Kaiserthron aus, aber abgesehen davon, würde ich Euch nicht raten, nach dieser höchsten Würde zu trachten. Ein König von Preußen muß mehr darauf sinnen, eine Provinz zu erobern, als sich mit einem leeren Titel zu schmücken Eure erste Sorge sei, den Staat zu dem Gipfel der Größe zu führen, dessen Idealbild ich Euch zeichne. Kurz, erst dann dürft Ihr der Eitelkeit opfern, wenn Ihr Eure Macht dauerhaft begründet habt.

Vergrößerungspläne Auch die Politik hat ihre Metaphysik. Wie es keinen Philosophen gibt, der nicht sein Vergnügen daran gehabt hätte, sein System aufzustellen und sich die abstrakte Welt seinem Denken gemäß zu erklären, so darf auch der Staatsmann in dem unendlichen Gefilde chimärischer Entwürfe lustwandeln. Können sie doch bisweilen zur Wirklichkeit werden, wenn man sie nicht aus den Augen verliert, und wenn einige Generationen nacheinander, auf dasselbe Ziel losschreitend, Geschicklichkeit genug besitzen, ihre Absichten vor den neugierigen und scharfen Augen der europäischen Mächte gründlich zu verbergen.

Machiavell sagt, eine selbstlose Macht, die zwischen ehrgeizigen Mächten steht, müßte schließlich zugrunde gehen. Ich muß leider zugeben, daß Machiavell recht hat. Die Fürsten müssen notwendigerweise Ehrgeiz besitzen, der aber muß weise, maßvoll und von der Vernunft erleuchtet sein. Wenn der Wunsch nach Vergrößerung dem fürstlichen Staatsmann auch keine Erwerbungen verschafft, so erhält er doch wenigstens seine Macht; denn dieselben Mittel, die er zum offensiven Handeln bestimmt, sind stets zur Verteidigung des Staates bereit, falls sie notwendig ist und er dazu gezwungen wird.

Es gibt zweierlei Arten der Vergrößerung: durch reiche Erbschaften oder durch Eroberungen.

Erbschaften, die dem Königshaus zufallen können

Das Haus Brandenburg hat unbestreitbare Rechte auf die Erbfolge in den Markgrafschaften Ansbach und Bayreuth. Diese Erbschaften können ihm in keiner Weise streitig gemacht werden. Das Recht ist zu klar, als daß es sich durch Verdrehungen in Frage stellen ließe. Außerdem kann kein Fürst beim Erlöschen der beiden regierenden fränkischen Linien den geringsten Widerstand gegen die Besitzergreifung durch die Krone Preußen leisten.

Unsere Ansprüche auf Mecklenburg sind ebenso klar. Sie beruhen auf einem Erbverbrüderungsvertrag, den die Kurfürsten von Brandenburg mit den Herzögen von Mecklenburg geschlossen haben. Trotzdem wird die Erbfolge beim Aussterben der letzteren strittig sein. Das Haus Hannover, das Mecklenburg wegen seiner günstigen Lage gern einstecken möchte, hat sich unter dem Vorwand der Reichsexekution in den Pfandbesitz einiger mecklenburgischer Ämter gesetzt. Indem es die Exekutionskosten willkürlich auf lächerlich hohe Summen veranschlagt, rechnet es, einen Fuß im Lande zu behalten und, sobald die Herzöge aussterben, bei der Teilung mit Preußen ein ansehnliches Stück zu ergattern. Gegenwärtig leben noch acht mecklenburgsche Prinzen, der Erbfall scheint also in die Ferne gerückt; jedenfalls werde ich ihn höchst wahrscheinlich nicht mehr erleben. Tritt er in der Folge der Zeiten ein, so meine ich, muß man sich unverzüglich in den Besitz von Mecklenburg setzen, die hannoverschen Truppen hinauswerfen, was nicht schwer fallen dürfte, und unsere Rechte mit dem Schwerte behaupten. Denn das Recht des Besitzes ist im Heiligen Römischen Reich ein großer Vorteil. Auch kann man seine Sache in aller Ruhe verfechten, wenn man die Einkünfte aus seiner Erwerbung ungestört bezieht. Für Preußen wäre das Beste, wenn dieser Erbfall zu einer Zeit einträte, wo der König von England mit dem Hause Österreich verfeindet oder im Krieg ist, oder wenn Österreich einen schwierigen Krieg in Ungarn oder in der Lombardei zu führen hat. Dann wäre es leicht zu beweisen, daß die Hannoveraner Unrecht haben und das unstreitige Recht auf unserer Seite ist.

Erwerbungen günstig gelegener Länder

Von allen Ländern Europas kommen am meisten für Preußen in Betracht: Sachsen, Polnisch-Preußen und Schwedisch-Pommern; denn alle drei runden den Staat ab.

Sachsen wäre jedoch am nützlichsten. Sein Besitz würde die Grenzen am meisten erweitern und deckte Berlin, die Landeshauptstadt und den Sitz des Königshauses, wo sich der Staatsschatz und alle höchsten Justiz-und Finanzbehörden sowie die Münze befinden. Die Hauptstadt ist zur Verteidigung zu weitläufig gebaut und hat durch einen Fehler meines Vaters ihre Befestigungen eingebüßt. Der Besitz Sachsens würde diese Schwäche der Hauptstadt wettmachen und ihr durch die Elbe und die böhmischen Grenzgebirge eine doppelte Deckung verschaffen. Hätte man sich Sachsens bemeistert, so müßte man Torgau als Festung stark ausbauen, bei Wittenberg, dicht an der Elbe, eine Festung in der Art von Hüningen anlegen und auf den Höhen jenseits von Zittau und diesseits von Peterswalde zwei starke Forts erbauen, die die beiden Straßen nach Böhmen sperren. Dann blieben nur noch die Straßen nach Karlsbad, Teplitz und Gera zu verteidigen, aber sie würden einer österreichischen Armee beim Durchmarsch große Schwierigkeiten bieten, zumal diese ihre Lebensmittel auf elenden, langen und fast unbefahrbaren Wegen auf Karren mit sich führen müßte. Ein geschickter Führer könnte diese drei letzten Einfallstore ohne Mühe verteidigen. Die Kurmark wäre also gedeckt und von einer doppelten Sperre umgeben.

Ließe sich aber nicht ganz Sachsen unserem Staate angliedern, so könnte man sich mit der Lausitz begnügen und die Elbe zur Grenze nehmen. Das würde für den gedachten Zweck hinreichen, teils durch die Erweiterung der Grenze und teils durch zwei Festungen und einen Fluß, der schwer zu überschreiten ist und der die Hauptstadt gegen feindliche Einfälle deckte.

Ihr werdet gewiß einwenden, es genüge nicht, die für uns vorteilhaften Länder zu bezeichnen, sondern man müsse auch die Mittel angeben, wie sie zu erwerben sind. Es sind folgende: Man muß seinen Plan geheim halten und verbergen, die politische Lage benutzen, das Eintreten günstiger Umstände abwarten und, wenn sie gekommen sind, kraftvoll handeln. Die Eroberung würde erleichtert, wenn Sachsen im Bündnis mit der Königin von Ungarn stände und sie oder ihre Nachfolger mit Preußen brächen. Das wäre ein Vorwand zum Einmarsch in Sachsen, um die Truppen zu entwaffnen und sich im Lande festzusetzen. Selbst Frankreich ließe sich beschwichtigen, wenn man ihm klar machte, daß es gegen die Regeln der Staatskunst verstoße, im Kriege einen so mächtigen Gegner wie Sachsen in seinem Rücken zu lassen. Die Sachsen wären leicht zu entwaffnen, wenn man über Halle, Brandenburg, Wusterhausen, Krossen und Naumburg (am Queiß) fünf Korps einrücken ließe, die unter dem Vorwand eines Einmarsches in Böhmen die sächsischen Garnisonen unterwegs aufhöben.

Soll dieser Plan voll gelingen, so müßte, während wir mit Österreich und Sachsen kämpfen, Rußland im Krieg mit der Türkei liegen. Außerdem müßte man dem Wiener Hof soviel Feinde wie möglich auf den Hals ziehen, um nicht gegen seine gesamten Kräfte kämpfen zu müssen.

Nach Unterwerfung Sachsens müßte der Krieg nach Mähren getragen werden. Eine Entscheidungsschlacht in dieser Provinz würde die Tore von Olmütz und Brünn öffnen und den Krieg in die Nähe der Hauptstadt verlegen. Noch im Laufe des Feldzuges müßte man 40 000 Mann in Sachsen ausheben, Truppen von Reichsfürsten gegen Subsidien in Dienst nehmen und seine eigenen Kräfte verstärken. Im folgenden Feldzug wäre an der Aufwiegelung Ungarns zu arbeiten. 20 000 Mann von den Neuausgehobenen würden in Böhmen einfallen und dies unverteidigte Land leicht erobern. Träfe es sich zugleich, daß auf Englands Thron ein träger Herrscher säße, so brauchte keine Rücksicht auf das Kurfürstentum Hannover genommen zu werden. Wäre er aber ein kriegerischer Fürst, so würde man Frankreich zu einer Diversion in das Kurfürstentum mit seinen deutschen Subsidientruppen bewegen. Dadurch bekäme Preußen die Ellbogen frei. Der Einfall in Hannover aber zwänge England zur Annahme der Bedingungen, die Frankreich und seine Verbündeten stellen würden. Beim Friedensschluß würde Frankreich Flandern einstecken; Preußen gäbe Mähren an die Königin von Ungarn zurück und tauschte Böhmen an den König von Polen gegen Sachsen aus.

Ich gestehe, daß das Gelingen dieses Plans viel Glück voraussetzt. Mißlingt er aber, so ist keine Schande dabei, wenn man nur sein Geheimnis wahrt. Und sollte man Sachsen auf den ersten Hieb nicht ganz erwerben, so ist es doch sicher, daß sich ein Teil davon sehr leicht absprengen ließe. Die Hauptsache wäre, daß Rußland und die Königin von Ungarn einen Krieg mit der Türkei, Frankreich und dem König von Sardinien zu bestehen hätten.

Nächst Sachsen wäre für uns Polnisch-Preußen am vorteilhaftesten. Es trennt jetzt Pommern von Ostpreußen und hindert, dieses zu behaupten, erstens wegen der Stromschranke der Weichsel und zweitens wegen der drohenden russischen Truppenlandung im Danziger Hafen. Das wird Euch um so mehr einleuchten, falls Ihr bedenkt, daß Ostpreußen nur von den Russen angegriffen werden kann. Wenn sie also in Danzig landen, schneiden sie den in Ostpreußen stehenden Truppen alle rückwärtigen Verbindungen ab, und wären diese zum Rückzug genötigt, so müßte man ihnen eine bedeutende Truppenmacht entgegenschicken, um ihnen den Weichselübergang zu erleichtern.

Ich halte es nicht für angebracht, diese Provinz mit Waffengewalt zu gewinnen, vielmehr möchte ich wiederholen, was Viktor Amadeus von Sardinien seinem Nachfolger Karl Emanuel zu sagen pflegte: »Mein Sohn, die Lombardei muß man Blatt für Blatt verspeisen, wie eine Artischocke.« Polen ist ein Wahlreich; beim Tode des jeweiligen Königs wird es jedesmal durch Parteikämpfe zerrissen. Das muß man sich zunutze machen und um den Preis seiner Neutralität bald eine Stadt, bald ein anderes Gebiet erwerben, bis man alles geschluckt hat.

Ist die Erwerbung glücklich abgeschlossen, werden jedenfalls Thorn, Elbing und Marienwerder befestigt und sogar kleinere feste Plätze längs der Weichsel errichtet werden. Dadurch würden alle etwaigen Unternehmungen der Russen gegen uns vereitelt. Zweifellos sind ihre regulären Truppen nicht sehr zu fürchten, aber ihre Kalmücken und Tataren sind Mordbrenner und Länderverwüster, die ganze Völker in Gefangenschaft fortschleppen und alles niederbrennen, wo sie sich als die Stärkeren fühlen. Das muß Euch bestimmen, einen Krieg mit Rußland so lange zu vermeiden, als Eure Ehre es zuläßt.

Erwerbungen mit der Feder sind solchen mit dem Schwert allemal vorzuziehen. Man setzt sich weniger Zufällen aus und schädigt weder seine Börse noch seine Armee. Bei der friedlichen Eroberung von Polnisch-Preußen halte ich es für durchaus nötig, Danzig bis zuletzt aufzusparen. Denn über diese Erwerbung werden die Polen ein großes Geschrei erheben, führen sie doch ihr ganzes Getreide über Danzig aus: sie würden also mit Recht fürchten, durch die Weichselzölle, die Preußen auf alle von den Herren Sarmaten ausgeführte Waren legen könnte, in dessen Abhängigkeit zu geraten.

Nächst den beiden genannten Ländern wäre Schwedisch-Pommern für uns am vorteilhaftesten. Diese Erwerbung wäre nur durch Verträge zu erreichen. Dieser Plan ist noch phantastischer als die vorhergehenden. Trotzdem könnte er unter folgenden Umständen gelingen. Rußland als stärkste Macht im Norden hat Schweden dahin gebracht, sich mit Preußen zu verbünden, um ein Gegengewicht in die Wagschale der Mächte zu werfen. Träte nun der günstige Umstand ein, daß Rußland einen Krieg auf dem Hals hätte und Schweden dies benutzte, um Livland zurückzuverlangen, könnte Preußen diesem dann nicht gegen Abtretung von Schwedisch-Pommern seinen Beistand versprechen? Die Schwierigkeit eines Angriffs auf Rußland in Liv-und Esthland liegt aber darin, daß man notwendigerweise die Überlegenheit zur See haben müßte. Die schwedische Flotte ist jedoch schwach, und wir haben nicht ein Kriegsschiff. Die Belagerung von Reval, Narwa und den anderen Seestädten wäre also ausgeschlossen, ganz abgesehen davon, daß die Zufuhr von Lebensmitteln fast unmöglich wäre. Angenommen auch, es gelänge Preußen, Livland zu erobern, so liegt es doch fast auf der Hand, daß Schweden nicht durch Finnland vordringen könnte; denn die Russen haben dort Festungen, die durch ihre Lage uneinnehmbar sind. Somit käme es nach vielem Blutvergießen zu einem Frieden, in dem alles wieder herausgegeben würde und jeder soviel behielte, als er vor Kriegsbeginn besessen.

Das ist ungefähr alles, was ich über die für uns vorteilhaften Erwerbungen sagen kann. Bringt unser Haus große Fürsten hervor, bewahrt das Heer seine jetzige Kriegszucht, legen die Herrscher im Frieden zurück, um im Kriege Geld zu haben, benutzen sie die Ereignisse mit Geschick und Besonnenheit, sind sie schließlich selbst einsichtsvoll, so zweifle ich nicht, daß der Staat allmählich wächst und sich vergrößert, und daß Preußen mit der Zeit zu einer der bedeutendsten Mächte Europas wird.

Konsolidierung der Macht Preußens

Unserem Staate fehlt noch die innere Kraft. Alle preußischen Provinzen umfassen nur fünf Millionen Seelen. Das Heer ist ansehnlich, aber nicht stark genug, um den Feinden, die uns umgeben, zu widerstehen. Unsere Einnahmen sind beträchtlich, aber es fehlt uns im Falle der Not an Hilfsquellen. Mühsam ziehen wir uns aus der Verlegenheit, indem wir unsere Truppen zweimal soviel manövrieren lassen als der Feind und ihm stets dieselben Leute entgegenstellen, von welcher Seite er auch komme. Das ermüdet sie sehr und setzt bei ihrem Führer große Wachsamkeit voraus. Unsere Finanzen drehen sich ganz um Ersparnisse und dienen uns zur Kriegführung, ohne daß wir andere Hilfsmittel besitzen als Klugheit bei ihrer Verwaltung. Soll also das Schicksal des Staates gesichert sein, so darf sein Wohl nicht von den guten oder schlechten Eigenschaften eines Einzelnen abhängen. Um sich aus eigener Kraft zu erhalten, müßten Heer und Finanzen etwa auf folgenden Stand gebracht werden. Ich wünschte, daß wir Provinzen genug besäßen, um 180 000 Mann, also 44 000 mehr als jetzt, zu unterhalten. Ich wünschte, daß nach Abzug aller Ausgaben ein jährlicher Überschuß von 5 Millionen erzielt würde. Sie dürften aber nicht auf feste Ausgaben angewiesen werden, sondern der Herrscher müßte nach freiem Belieben über sie verfügen können, nachdem er 20 Millionen in den Staatsschatz gelegt hat. Diese 5 Millionen machen ungefähr die Kosten eines Feldzugs aus. Mit ihnen könnte man den Krieg aus eigenen Einkünften bestreiten, ohne in Geldverlegenheiten zu geraten und irgendjemand zur Last zu fallen. In Friedenszeiten könnte diese Einnahme zu allen möglichen nützlichen Ausgaben für den Staat verwandt werden.

Das politische System von 1768

Die preußischen Provinzen

Zunächst schildere ich Euch im einzelnen die Stärke und Schwäche unseres Staates; denn man muß sich selbst kennen, bevor man den Blick aus das Ausland richtet. Ihr wißt, wie hoch sich unsere Einkünfte belaufen, kennt die Hilfsquellen in Zeiten der Not, wißt ebenso, wie stark unsere Armee ist. Nun gilt es, die Lage der Provinzen ins Auge zu fassen.

Ich beginne mit Ostpreußen. Es wird im Norden von der Ostsee umspült, im Osten stößt es an Samogitien, im Süden an Polen, und im Westen wird es durch die Weichsel und Polnisch-Preußen von unseren übrigen Provinzen abgeschnitten. Infolge dieser Lage ist es unhaltbar, wenn Rußland uns bekriegen will, wofern man nicht des Wiener Hofes völlig sicher ist; doch das erscheint mir sehr problematisch. Träte aber dieser sehr unwahrscheinliche Fall ein, so könnte man Ostpreußen schützen, indem man eine Armee von 70 000 Mann bei Tilsit aufstellte und Danzig und Thorn besetzte, um Herr des Weichselabschnittes zu sein, den Rücken frei zu haben und gesicherte Verbindungen mit der Heimat zu besitzen. Es ist aber wahrscheinlicher, daß die Russen Ostpreußen nur im Bunde mit Österreich angreifen. In diesem Falle muß man das Land preisgeben, die Weichsellinie so lange wie möglich verteidigen, sich dann auf die Netze und Warthe zurückziehen und ein verschanztes Lager bei Kolberg beziehen.

Gehen wir nach dem Westen. Hier liegt das Herzogtum Kleve und die Grafschaft Mark, von allen meinen anderen Provinzen getrennt, zwischen Holland, dem Kurfürstentum Köln und dem Bistum Münster eingekeilt. Hier liegt ferner Ostfriesland, gewissermaßen am Ende der Welt. Ist Frankreich unser Feind und will es den Krieg nach Deutschland tragen, ohne daß wir starke Verbündete haben, dann müssen wir diese Provinzen von Anfang an preisgeben. Aus diesem Grunde habe ich die Befestigungen von Geldern schleifen lassen und die von Wesel eingeschränkt. Auch beabsichtige ich, ein ganzes Polygon unterminieren zu lassen, um es in die Luft zu sprengen, sobald die Besatzung abrückt.

Kehre ich vom Rhein zur Elbe zurück, so finde ich an der Weser das Fürstentum Minden von unseren übrigen Besitzungen getrennt. In gewissen Fällen kann es sich halten, in anderen muß man es preisgeben, wie es im letzten Kriege geschehen ist. Nun ist es eine stehende Regel, in Provinzen, die man räumen muß, keine Festungen anzulegen; denn sie kämen nur dem Feinde zugute, und wenn man die verlorenen Länder zurückerobern will, müßte man Festungen belagern, die man selbst erbaut hat und die nun andere gegen uns selbst benutzen.

Die Provinzen, die den eigentlichen Staatskörper bilden, sind Pommern, die Kurmark, Magdeburg, Halberstadt und Schlesien. Diese Länder lassen sich verteidigen, wenn nicht ganz Europa gegen uns verbündet ist. Für Pommern sind die Russen die gefährlichsten Feinde. Ich habe Euch einen Verteidigungsplan entworfen, den Ihr befolgen müßtet, abgesehen von einigen Verbesserungen, die je nach den Verhältnissen und der Lage der Dinge zu treffen wären. Um die Kurmark und Magdeburg gegen Österreich zu schützen, muß man sich sofort bei Kriegsausbruch Sachsens bemächtigen, die böhmischen Grenzgebirge besetzen, besonders bei Peterswalde, und ein Korps nach der Lausitz abzweigen, um den Einfällen zu begegnen, die die Feinde von dort nach der Mark Brandenburg machen könnten. Doch wäre ich nicht dafür, sich bei Kriegsbeginn auf die Defensive zu beschränken, vielmehr müßte man sofort in Mähren eindringen, das für die Österreicher die empfindlichste Stelle ist; denn längs der March vorrückend, kann man Streifkorps bis in die Nähe von Wien vortreiben. Unmöglich aber lassen sich die Operationen im voraus endgültig festlegen. Dazu muß man die genaue Sachlage und die besonderen Umstände bei Kriegsausbruch kennen, nämlich: welche Verbündeten und welche Feinde man hat und wieviel Truppen diese uns entgegenstellen können.

Es sind also zwei schwere Mängel, die durch unsere geographische Lage bedingt sind; denn zwei Provinzen müssen wir schon bei Kriegsausbruch preisgeben. Das heißt Verluste erleiden, bevor der Krieg begonnen hat. So kommt ein Teil der Einkünfte nicht mehr in den Schatz, der für die außerordentlichen Kosten bestimmt ist. Damit gehen auch Menschenreservoire für

Rekruten verloren, aus denen man das Heer nicht mehr ergänzen kann. Diese Erwägungen müssen die Herrscher dahin führen, daß sie sich sparsamer Wirtschaft befleißigen und in guten Zeiten zurücklegen, um in der Not einen Rückhalt zu haben. Einige dieser Nachteile lassen sich indes abwenden. Was die Finanzen betrifft, so kann man die Abgaben ein Vierteljahr im voraus erheben. Ferner zieht man in Ostpreußen 20 000 Kantonisten ein, zahlt ihnen den Sold und läßt sie mit den Truppen abmarschieren, wenn man das Land räumen muß. Dadurch kann man sich Rekruten für die ostpreußischen Regimenter während des ganzen Krieges sichern, falls er nicht zu blutig und zu lang wird.

Angesichts der Lage unserer Provinzen seht Ihr ein, wie nötig für uns ein starkes Heer ist. Denkt an die Kräfte Österreichs, Rußlands und Frankreichs, nehmt die Schweden hinzu, und wenn Ihr wollt, auch die Reichstruppen. Allem Anschein nach werden sie ja nicht alle über uns herfallen, wie im letzten Kriege. Trotzdem steht es außer Zweifel, daß die Feinde, die uns angreifen wollen, das Äußerste versuchen werden, um die völlige Übermacht zu erlangen. Gebot der Klugheit aber ist es, alle möglichen Fälle im voraus ins Auge zu fassen und sich beizeiten darauf zu rüsten. Gegenwärtig arbeite ich an einem Plan zur Heeresvermehrung. Lebe ich noch ein paar Jahre, so kann ich das Heer auf 166 000 Mann bringen. Für den Krieg sind Maßregeln zur Aufstellung von 210 000 Mann getroffen, einschließlich 22 Freibataillonen, die im Reich und überall ausgehoben werden sollen, wo Soldaten zu finden sind. Sachsen muß mindestens 20000 Rekruten liefern, um diese Zahl vollzumachen. Man kann die Sachsen in die Garnisonregimenter stecken und alte Soldaten heraus nehmen, um die Fronttruppen aufzufüllen. Um uns aber nicht zu täuschen rechnen wir nur mit 166 000 Mann. Davon gehen zunächst 30 000 Mann für die Festungsbesatzungen ab; bleiben also nur 136 000 Mann Feldtruppen. Österreich allein stellt die gleiche Zahl auf. Um einem überlegenen Feinde die Spitze zu bieten und bei gleicher Zahl im Vorteil zu sein, müssen Eure Truppen besser sein als die der Nachbarn. Man muß also dauernd ein Auge auf ihre Ausbildung haben. Die Offiziere muß man durch alle möglichen Auszeichnungen anfeuern. Mehr noch: ist der Herrscher nicht selbst Soldat, kümmert er sich nicht selbst um den Dienst, gibt er nicht in allem ein Beispiel, ficht er nicht an der Spitze seiner Truppen, so kann man unfehlbar daraufrechnen, daß das ganze Gebäude, das unsere Vorfahren mit soviel Mühe, Sorge und Ausdauer errichtet haben, eines Tages zusammenstürzt.

Unser System

Wir haben einen allgemeinen Überblick über Europa gegeben und uns eine Vorstellung von der gegenwärtigen Verfassung aller Staaten gemacht. Nun gilt es, alle diese einzelnen Züge zu einem Gesamtbilde zu vereinigen und zu unseren politischen Zielen in Beziehung zu setzen.

Sofort springen vier Großmächte in die Augen, die allen anderen überlegen sind und auf der Bühne der Wechselfälle, die wir die Welt nennen, die erste Rolle spielen. Das sind Frankreich, England, der Kaiserhof und die Zarin von Rußland. Auf der einen Seite stehen die Bourbonen, durch ihren Familienpakt geeint, mit der Kaiserin-Königin verbündet, auf der anderen England, isoliert und von diesen verbündeten Mächten bedroht. Dazu kommen im Norden Rußland und seine Verbündeten: Preußen, Schweden, Dänemark und Polen. Die übrigen Könige und Herrschen spielen etwa die Rolle der Halbgötter bei den Heiden.

Gegenwärtig ist es das Ziel der französischen Politik, Englands Macht und seinen Handel zu untergraben und ihm im Verein mit Spanien an allen Ecken und Enden Verlegenheiten zu bereiten, um danach mit überlegenen Kräften einen energischen Landkrieg in Amerika und einen energischen Seekrieg mit ihm zu fuhren, wo sich die Gelegenheit dazu bietet. Das Haus Österreich will seine Schulden tilgen, um mit der Zeit in die Lage zu kommen, uns Schlesien wieder abzunehmen. Rußland hat sich in die polnischen Wirren gemischt, mehr aus Eitelkeit als aus Ehrgeiz.

Nach dem letzten Kriege hatte ich schwerwiegende Gründe, ein Bündnis mit dieser Macht einzugehen. Erstens, weil sie als erste aus dem Ring unserer Feinde austrat und einen Sonderfrieden mit uns schloß; zweitens, weil die Zarin diesen Frieden bei ihrer Thronbesteigung nicht brach; drittens, weil wir einen dauerhaften Frieden brauchten, um das Elend des letzten Krieges wieder gut zu machen. Hierzu konnte nichts mehr beitragen als ein Bündnis mit Rußland. Man muß allerdings zugeben, daß sich gegen dies Bündnis Einwände erheben lassen. Wir mußten uns zu den Maßregeln bequemen, die die Zarin für die polnische Königswahl ergriffen hatte, mußten die Augen über die Wirren schließen, die sie in Polen hervorrief, als sie daran ging, die Dissidenten zu schützen und die Rechte des Königs zu mehren, und als sie auf Grund ihrer Bürgschaft in die inneren Verhältnisse eingriff, um den von ihr eingeführten Verfassungsänderungen dauernden Bestand zu sichern. Man muß zugeben, daß wir gezwungen waren, uns zu Maßregeln herzugeben, die wir nicht völlig gutheißen konnten, und die unseren Interessen nicht völlig entsprachen. Man bedenke jedoch, daß Rußland sein Ziel ebenso im Bunde mit Österreich erreicht hätte, und daß wir ohne all diese Gefälligkeiten kein Bündnis mit ihm hätten bekommen können. Man muß ferner bedenken, daß wir nach Abschluß des Hubertusburger Friedens keinen anderen Verbündeten finden konnten als Rußland. England hatte uns nicht nur im Stich gelassen, sondern verraten; Frankreich war allzu feindselig aufgetreten und war überdies mit unserem Todfeind Österreich verbündet. So zwang uns also unsere damalige Lage, dem Bündnis mit Rußland den Vorzug zu geben. In der Politik darf man keine Vorliebe für ein Volk und keine Abneigung gegen ein anderes haben. Man muß blind dem Staatsinteresse folgen und sich mit der Macht verbünden, deren augenblickliche Interessen mit den unseren am besten zusammenstimmen.

Unser dauerndes Interesse erfordert, daß wir an unserem Bündnis mit Rußland festhalten, ja es noch enger knüpfen. Die Gelegenheit eines Bruches mit der Türkei ist günstig. Da die Russen mich nötig haben, hoffe ich, unser Bündnis auf 10 Jahre zu verlängern und sie dahin zu bringen, uns die Erbfolge in Ansbach und Bayreuth zu garantieren. Diese Länder müssen uns durch Erbfolge zufallen, aber Österreich neidet sie uns. So werden wir uns dennoch in ihren Besitz setzen oder eine Entschädigung erlangen, die uns näher liegt und damit unseren Staatskörper abrundet.

Der Gipfel der Staatskunst besteht darin, die Gelegenheit abzuwarten und sie nach Gunst der Umstände zu benutzen. Wer glaubt, die Ereignisse herbeiführen zu können, täuscht sich fast immer und sieht seine Pläne scheitern. Was hat die Staatskunst nicht alles versucht, um die spanische Erbfolge im voraus zu regeln, und wie haben doch die Ereignisse die Pläne der

Minister auf den Kopf gestellt! Wollt Ihr noch schlagendere Beweise, so denkt an den letzten Krieg und die Pläne, die eine Anzahl von Mächten gegen uns im Schilde führte, und was daraus geworden ist! Das Sicherste ist, die Gelegenheit zu erfassen, und wenn sie da ist, sie zu benutzen.

Der größte Irrtum, in den man verfallen kann, ist der Glaube, irgendwelche Herrscher oder Minister nähmen Anteil an unserem Schicksal. Diese Leute lieben sich nur selbst; ihr Vorteil ist ihr Gott. Ihre Sprache wird einschmeichelnd und freundlich, in dem Maße, wie sie uns brauchen. Sie werden Euch mit verruchter Falschheit schwören, Eure Interessen wären ihnen ebenso teuer wie die eigenen, aber glaubt das nicht und verstopft Eure Ohren vor diesen Sirenentönen.

Soviel steht ungefähr fest, wessen man sich von den Großmächten zu versehen hat, mit denen Verhandlungen in Frage kommen. England wird Euch Subsidien zahlen und Euch für einen Lohnarbeiter halten, den man entläßt, sobald er seine Schuldigkeit getan hat. Frankreich zahlt ungern Subsidien und nur wenig; denn es ist selbst tief verschuldet. Um Euch für ihre Pläne zu gewinnen, werden die Franzosen Euch den Mond versprechen; nur müßt Ihr ihn Euch selbst erobern. Die Österreicher sind langsam in ihren Entschließungen und betrachten ihre Verbündeten mehr als Untergebene denn als selbständige Mächte, die sich zu gemeinsamem Vorteil verbünden. Die Russen fordern von ihren Verbündeten mehr, als sie für sie zu tun beabsichtigen.

So sind die Großmächte Europas beschaffen. Es bedarf der Geschicklichkeit und Geschmeidigkeit, der Ränke und Ausgaben, um Vorteil daraus zu ziehen und sie unvermerkt dahin zu bringen, daß sie am gleichen Strange ziehen. Die Franzosen kann man leicht zum Kriege bewegen, wenn man sie bei ihrer Eitelkeit packt und ihnen klar macht, daß es unter ihrer Würde sei, sich nicht in alle europäischen Fragen zu mischen. Aber die Mängel ihrer Kriegführung bringen ihre Verbündeten in große Not. Nachdem sie mit ein paar glänzenden Taten begonnen haben, lassen sie sich schlagen und halten nicht mehr stand, sobald der Krieg etwas länger dauert. So erging es ihnen häufig, in Italien, in Deutschland bei Höchstädt (1704), in Flandern nach der Schlacht bei Ramillies (1706), im Kriege von 1740 in Böhmen und Bayern, und wie sind sie erst in unserem letzten Kriege geschlagen worden! Ihre Verbündeten können auf ihren Beistand nicht rechnen; so sehr herrschen Unbestand und Leichtsinn bei all ihren Handlungen vor.

Die erste Sorge eines Herrschers muß darin bestehen, sich zu behaupten; dann erst kommt die Frage der Vergrößerung. Dies System erfordert Schmiegsamkeit und bei der Ausführung die Benutzung aller Umstände. Bald muß man lavieren, bald mit vollen Segeln fahren, aber nie darf man sein Ziel aus den Augen lassen. Was am ersten Tag nicht gelingt, das bringt die Zeit zur Reife. Das beste Mittel, seinen geheimen Ehrgeiz zu verbergen, ist, daß man friedliche Gesinnungen zur Schau trägt, bis der günstige Augenblick kommt, wo man seine Karten aufdecken kann. So haben alle großen Staatsmänner gehandelt. An diesem Grundsatz muß man unverbrüchlich festhalten, will man nicht die Eifersucht aller Völker erregen und ihnen Zeit geben, den eigenen Plänen zuvorzukommen.

Auch das ist eine schwierige Frage, wann man – gelinde gesagt – politische Streiche ausführen, mit anderen Worten, wann man die anderen betrügen darf. Wer ein solches Verfahren für rechtmäßig hält, führt zur Entschuldigung an, es seien ja nur Gauner und Schurken, denen gegenüber man Verpflichtungen eingegangen sei; man könne also gleiches mit gleichem vergelten. Andere meinen, daß die Schurken sich damit selbst um jedes Ansehen bringen, ja daß man sogar dem Kardinal Mazarin vorwarf, er beginge den großen politischen Fehler, daß er im Großen wie im Kleinen betrüge. Nach meiner Meinung soll man so wenig wie möglich vom geraden Wege abirren. Sieht man, daß ein anderer Herrscher nicht ehrlich verfährt, so ist es zweifellos erlaubt, ihm mit gleicher Münze zu dienen. Auch gibt es Fälle, wo der Bruch der eigenen Verpflichtungen entschuldbar ist, wenn nämlich das Wohl und Wehe des Vaterlandes es erfordert.

Doch lassen wir diese Abscheulichkeiten. Man kann sie sich ersparen, ja selbst peinliche Lagen vermeiden, sobald man die Bündnisverträge, die man schließen will, genau prüft, zweideutige Ausdrücke vermeidet und nur ausführbare Dinge verspricht, die man auch wirklich ausführen will. Immerhin erheischt die Klugheit, daß man seinen Verbündeten nur mit gutem Grunde traut, auf ihr Verhalten acht hat und sich weniger auf ihren Beistand als auf seine eigenen Kräfte verläßt. Eroberungen macht man nie mit fremder Hilfe. Fürsten, die gehofft haben, ihre Freunde würden zu ihrer Größe beitragen, sind durch die Ereignisse stets enttäuscht worden. Denkt nur an das Beispiel von Kaiser Karl VII., an Kurfürst Maximilian Emanuel von Bayern. Wer diese letzten Sätze liest, wird vielleicht fragen: wozu überhaupt Verbündete, wenn sie unnütz sind? Einverstanden. Aber will es nicht schon viel heißen, wenn man sie derart gebunden hat, daß sie einem nicht zu schaden wagen, und ist nicht schon viel gewonnen, wenn man bei einem schwierigen Unternehmen vor dieser oder jener Großmacht nicht mehr in Sorge zu sein braucht?

Bei der Schilderung der zerstreuten Lage unserer Provinzen habe ich schon darauf hingewiesen, welche Schläge die anderen Herrscher gegen uns zu führen vermögen. Prüfen wir nun kurz, wodurch wir unseren Feinden gefährlich werden können.

Ich beginne mit Rußland. Seine günstigen Grenzen sichern es vor allen unseren Unternehmungen. Um eine Offensive zu wagen, müßten wir eine Flotte haben, die der ihrigen überlegen ist. Ich glaube, der einzige erfolgversprechende Plan wäre, längs der Ostsee zu marschieren, stets von der Flotte begleitet, um keinen Nahrungsmangel zu leiden, und über Riga, Reval und Esthland bis Petersburg vorzudringen. Aber welche unendliche Schwierigkeit läge darin, so viele feste Plätze zu erobern und die Armee in diesem rauhen; barbarischen Klima schlagfertig zu erhalten! Und schließlich hätte man mit dieser Eroberung nicht mehr gewonnen, als daß man dies wilde Volk in seine alten Schlupfwinkel zurückscheuchte.

In Polen erleichtern unsere Grenzen uns den Einmarsch, da sie dieses Land zur Hälfte einschließen. Wer den Weichsellauf und Danzig beherrscht, ist mehr Herr des Landes als der König, der es regiert.

Sind wir im Kriege mit Schweden, so können wir ihm ohne Mühe das Stück von Pommern entreißen, das es noch besitzt. Mit Dänemark können wir keine Streitigkeiten bekommen. Auch das ist ein Vorteil.

Hätten wir ernstliche Zerwürfnisse mit England, so könnten wir uns an ihm rächen, indem wir das Kurfürstentum Hannover besetzen, das zur Verteidigung wenig gerüstet ist.

Die Franzosen sind uns zu fern, ihre Grenzen von den unseren zu weit abgelegen, um ihnen alles Unrecht und Übel, das sie uns etwa antun könnten, unmittelbar zu vergelten.

Anders die Kaiserin-Königin. So oft es zu einem Waffengang zwischen uns kommt, müssen wir den Krieg stets mit der Besetzung Sachsens eröffnen und von da längs der Elbe mit einem Korps nach Böhmen eindringen. Eine größere Armee muß in Schlesien aufgestellt werden. Sie entsendet Detachements nach Landeshut und in die Grafschaft Glatz und dringt über Hultschin in Mähren ein. Haben wir Verbündete, die mit uns zusammen operieren, so können wir die Österreicher im zweiten Kriegsjahre über die Donau zurückwerfen. Zugleich müssen die Türken gegen Ungarn vorgehen, oder ein Detachement von 30 000 Russen muß zwischen Preßburg und Budapest über die Donau setzen. So könnten wir uns Böhmens bemächtigen, um es nachher gegen ein Kurfürstentum auszutauschen, das unseren Grenzen näher liegt.

Man muß auf jedes Ereignis gefaßt sein. Hat man also die Maßnahmen gegen alle Mächte erwogen, die mit uns in Krieg geraten können, so ist man sich über alle Gefahren und Zufälle klar, die uns dabei drohen, und weiß ihnen zu begegnen. Auch kennt man die Vorteile, die man aus ihrer Bundesfreundschaft oder ihrer Feindschaft ziehen kann. So entspricht es z.B. weit mehr unseren Interessen, Rußland zum Bundesgenossen als zum Feinde zu haben; denn es kann uns viel schaden, und wir können es ihm nicht vergelten.

Das politische System von 1776

Es gehört zu den Grundregeln der Staatskunst, ein Bündnis mit dem unter seinen Nachbarn zu suchen, der dem Staate die gefährlichsten Schläge versetzen kann. Deshalb hat Preußen mit Rußland eine Allianz geschlossen, weil Rußland uns in Ostpreußen den Rücken deckt und wir, solange dieses Bündnis dauert, keine Einfälle Schwedens in Pommern zu befürchten haben. Die Zeiten können wechseln, und die Wandelbarkeit der politischen Verhältnisse kann uns zum Abschluß anderer Bündnisse zwingen. Wir werden aber bei anderen Mächten nie die Vorteile finden, die ein Bund mit Rußland bietet. Die französischen Truppen taugen nichts, und die Franzosen pflegen ihre Verbündeten nur lau zu unterstützen. Die Engländer sind gewohnt, Subsidien zu zahlen, und opfern ihre Verbündeten beim Friedensschluß, um ihre eigenen Interessen zu fördern. Von Österreich will ich gar nicht reden. Es gehört fast ins Reich der Unmöglichkeit, mit ihm feste Bande zu knüpfen.

Fragt man sich, welche Eroberungen für Preußen politisch ratsam wären, so bietet Sachsen unbestritten die größten Vorteile. Das preußische Gebiet würde durch Einverleibung Sachsens abgerundet, und die Gebirge zwischen Sachsen und Böhmen, die man befestigen müßte, gäben einen natürlichen Grenzwall ab. Es ist schwer vorauszusehen, wie sich diese Erwerbung ausführen ließe. Das sicherste wäre, Böhmen und Mähren zu erobern und Sachsen dagegen einzutauschen. Man könnte auch die rheinischen Besitzungen sowie Jülich oder Berg dafür hingeben oder noch einen anderen Tausch machen. Jedenfalls ist die Erwerbung Sachsens unumgänglich notwendig, damit Preußen die ihm fehlende Geschlossenheit erhält. Denn ist einmal Krieg, so kann der Feind ohne den geringsten Widerstand schnurstracks auf Berlin rücken.

Ich rede nicht von unseren Erbansprüchen auf Ansbach, Jülich, Berg und Mecklenburg, weil sie bekannt sind und man den Eintritt des Erbfalls abwarten muß.

Da Preußen arm ist, muß man sich besonders vor der Einmischung in solche Kriege hüten, bei denen nichts zu gewinnen ist. Sonst erschöpft man sich umsonst und kann eine sich später bietende günstige Gelegenheit nicht ausnutzen. Alle weitab liegenden Erwerbungen fallen dem Staate zur Last. Ein Dorf an der Grenze ist mehr wert als ein Fürstentum, das sechzig Meilen entfernt liegt. Es ist dringend notwendig, seine ehrgeizigen Pläne so sorgfältig wie möglich verborgen zu halten und, wenn möglich, den Neid Europas gegen andere Mächte wachzurufen, um dann unbemerkt und unauffällig seinen Schlag zu führen. Der Fall kann eintreten. Österreich, das seine Maske fallen ließ, zieht sich wegen seiner ehrgeizigen Absichten den Neid und die Eifersucht der Großmächte auf langehin zu. Geheimhaltung ist eine Kardinaltugend für die Politik wie für die Kriegskunst.

Schlußbetrachtungen

Selbstregierung des Herrschers

Aus all diesen Einzelheiten erseht Ihr, wie wichtig es ist, daß der König von Preußen selbständig regiert. So wenig Newton in gemeinsamer Arbeit mit Leibniz und Descartes sein Gravitationsgesetz hätte entdecken können, so wenig kann ein politisches System aufgestellt werden und sich behaupten, wenn es nicht aus einem einzigen Kopfe hervorgeht. Es muß aus dem Geiste des Herrschers entspringen wie die gewaffnete Minerva aus Jupiters Haupt: das heißt, der Fürst muß sein System entwerfen und es selbst zur Ausführung bringen. Denn da seine eigenen Gedanken ihm mehr am Herzen liegen als die der anderen, so wird er seine Pläne mit dem Feuer betreiben, das zu ihrem Gelingen nötig ist, und so wird seine Eigenliebe, die ihn an sein Werk fesselt, auch dem Vaterlande zum Nutzen gereichen.

Alle Zweige der Staatsverwaltung stehen in innigem Zusammenhang. Finanzen, Politik und Heerwesen sind untrennbar. Es genügt nicht, daß eins dieser Glieder gut verwaltet werde; sie wollen es alle gleichermaßen sein. Sie müssen in gradgestreckter Flucht, Stirn an Stirn, gelenkt werden, wie das Viergespann im olympischen Wettkampf, das mit gleicher Wucht und gleicher Schnelle die vorgezeichnete Bahn zum Ziele durchmaß und seinem Lenker den Sieg gewann. Ein Fürst, der selbständig regiert, der sich sein politisches System gebildet hat, wird nicht in Verlegenheit geraten, wenn es einen schnellen Entschluß zu fassen gilt; denn er verknüpft alles mit dem gesteckten Endziel.

Die Einheit der Regierung

(1776)

Da Preußen arm ist und keine Hilfsquellen besitzt, so muß der Herrscher stets über einen wohlausgestatteten Staatsschatz verfügen, um wenigstens einige Feldzüge bestreiten zu können. Sein einziger Notbehelf ist eine Anleihe von 5 Millionen Talern bei der »Landschaft« und die Erhebung von ungefähr 4 Millionen Talern auf den Kredit der Bank. Das ist aber auch alles. In Friedenszeiten kann er zwar über 5 700 000 Taler verfügen, aber diese Summe soll größtenteils in den Staatsschatz fließen oder zu öffentlichen Zwecken verwandt werden, wie Festungsbauten, Meliorationen, Manufakturen, Kanäle, Urbarmachungen, Ersetzung der Holzhäuser in den Städten durch Steinbauten – alles zur Verbesserung der wirtschaftlichen Lage des Staates. Aus diesen Gründen muß der König von Preußen sparsam sein und auf größte Ordnung in den Geschäften halten. Ein zweiter Grund ist ebenso wichtig. Gibt der König das Beispiel der Verschwendung, so wollen seine Untertanen es ihm nachtun und richten sich bei ihrer Armut zugrunde. Zur Erhaltung der guten Sitten ist es vor allem notwendig, daß einzig und allein das Verdienst und nicht der Wohlstand ausgezeichnet wird. In Frankreich hat die Nichtbeachtung dieses Grundsatzes die Sitten der Nation verdorben. Früher kannte sie nur den Weg der Ehre, um Ruhm zu erwerben. Jetzt glaubt sie, um zu Ehren zu kommen, brauche man nur reich zu sein.

Jeder Krieg ist ein Abgrund, der Menschen verschlingt. Man muß also auf eine möglichst hohe Bevölkerungszahl sehen. Daraus entspringt noch der weitere Vorteil, daß die Felder besser bebaut und die Besitzer wohlhabender werden.

Ich glaube nicht, daß Preußen sich je zur Bildung einer Kriegsmarine entschließen darf. Die Gründe sind folgende. Mehrere Staaten Europas haben große Flotten: England, Frankreich, Spanien, Dänemark und Rußland. Ihnen werden wir niemals gleichkommen können. Da wir also mit wenigen Schiffen immer hinter den anderen Nationen zurückbleiben würden, so wäre die Ausgabe unnütz. Hinzu kommt, daß wir, um die Kosten für eine Flotte aufzubringen, Landtruppen entlassen müßten, da Preußen nicht volkreich genug ist, um Mannschaften für das Landheer und Matrosen für die Schiffe zu stellen. Außerdem führen Seeschlachten nur selten eine Entscheidung herbei. Daraus ziehe ich den Schluß, daß man besser tut, das erste Landheer in Europa zu halten als die schlechteste Flotte unter den Seemächten.

Die Politik soll möglichst weit in die Zukunft blicken. Man muß sich über die europäische Lage ein Urteil bilden und danach seine Bündnisse schließen oder die Pläne seiner Feinde durchkreuzen. Man glaube nicht, daß die Staatskunst imstande sei, Ereignisse herbeizuführen. Sobald aber Ereignisse eintreten, muß sie sie ergreifen und ausnutzen. Deshalb muß auch Ordnung in den Finanzen herrschen und Geld vorrätig sein, damit die Regierung zu handeln bereit ist, sobald die Staatsraison es gebietet.

Der Krieg selbst muß nach den Grundsätzen der Politik geführt werden, um seinen Feinden die blutigsten Schläge zu versetzen. Derart verfuhr Prinz Eugen, der sich durch den Marsch und die Schlacht bei Turin (1706), durch die Schlachten von Höchstädt (1704) und Belgrad (1717) einen unsterblichen Namen gemacht hat. Nicht alle großen Feldzugspläne gelingen. Sind sie aber groß angelegt, so erwachsen stets größere Vorteile aus ihnen als aus kleinen Entwürfen, die sich auf die Wegnahme eines Grenznestes beschränken. So lieferte der Marschall von Sachsen die Schlacht bei Rocour (1746) nur, um im folgenden Winter sein Unternehmen auf Brüssel ausführen zu können, und das gelang ihm.

Nach allem Gesagten ist es klar, wie eng Politik, Heerwesen und Finanzen zusammenhängen. Man darf sie deshalb nie trennen und muß sie wie ein Dreigespann Stirn an Stirn lenken. Werden sie derart nach den Regeln der gesunden Politik geleitet, so erwachsen daraus die größten Vorteile für den Staat.

In Frankreich hat man für jeden Verwaltungszweig einen eigenen König, den Minister, der die Finanzen, das Kriegswesen oder die auswärtigen Angelegenheiten beherrscht. Aber der gemeinsame Mittelpunkt fehlt, und so streben diese Zweige jeder für sich auseinander. Jeder Minister befaßt sich nur mit den Einzelheiten seines Ressorts, niemand gibt ihm ein festes Ziel, und jedes Zusammenarbeiten fehlt.

Träte in Preußen Ähnliches ein, so wäre der Staat verloren. Große Monarchien gehen trotz eingerissener Mißbräuche ihren Weg von selber und erhalten sich durch ihre eigene Schwerkraft und ihre innere Stärke. Kleine Staaten aber werden rasch zermalmt, sobald nicht alles bei ihnen Kraft, Nerv und Lebensfrische ist.

Das sind einige Betrachtungen und meine Gedanken über die Regierung Preußens. Solange das Land keine größere Geschlossenheit und bessere Grenzen besitzt, müssen seine Herrscher *toujours en vedette* sein, über ihre Nachbarn wachen und jeden Augenblick sich bereit halten, die verderblichen Anschläge ihrer Feinde abzuwehren.

Testament des Königs vor der Schlacht bei Leuthen

(28. November 1757)

Disposition, was geschehen soll, wenn ich getötet werde

Ich habe meinen Generalen Befehl für alles gegeben, was nach der Schlacht im Falle des glücklichen oder unglücklichen Ausganges geschehen soll. Im übrigen will ich, was meine Person betrifft, in Sanssouci beigesetzt werden, ohne Prunk, ohne Pomp und bei Nacht. Man soll meinen Körper nicht öffnen, sondern mich ohne Umstände dorthin bringen und mich bei Nacht beerdigen.

Was die Geschäfte anlangt, so muß sofort an alle Kommandeure Befehl ergehen, die Truppen auf meinen Bruder zu vereidigen. Wird die Schlacht gewonnen, muß mein Bruder nichtsdestoweniger jemand mit der Notifikation und zugleich mit der Vollmacht zu Friedensverhandlungen nach Frankreich senden.

Das Testament soll geöffnet werden. Ich entbinde meinen Bruder von der Auszahlung aller Legate in barem Gelde, weil der traurige Zustand seiner Angelegenheiten ihn an ihrer Erfüllung verhindert. Ich empfehle ihm meine Flügeladjutanten, besonders Wobersnow, Krusemarck, Oppen und Lentulus. Dies soll als Testament im Felde gelten.

Ich empfehle alle meine Bedienten seiner Fürsorge.

Friderich.

Das Testament vom 8. Januar 1769

Unser Leben führt uns mit raschen Schritten von der Geburt bis zum Tode. In dieser kurzen Zeitspanne ist es die Bestimmung des Menschen, für das Wohl der Gemeinschaft, deren Mitglied er ist, zu arbeiten. Seit dem Tage, da mir die Leitung der Geschäfte zufiel, war es mein ernstes Bemühen, mit allen Kräften, die mir die Natur verliehen, und nach Maßgabe meiner schwachen Einsicht den Staat, den zu regieren ich die Ehre hatte, glücklich und blühend zu machen. Ich habe dem Recht und den Gesetzen zur Herrschaft verholfen, habe Ordnung und Klarheit in die Finanzen gebracht und im Heere Mannszucht erhalten, die ihm seine Überlegenheit über die anderen Truppen Europas verschaffte.

Nachdem ich diese Pflichten gegen den Staat erfüllt habe, hätte ich mir ewige Vorwürfe zu machen, wenn ich die Angelegenheiten meiner Familie vernachlässigte. Für Abwendung von Zerwürfnissen unter meinen Angehörigen, die wegen meiner Erbschaft entstehen könnten, erkläre ich in dieser feierlichen Urkunde meinen letzten Willen.

Gern und ohne Klage gebe ich meinen Lebensodem der wohltätigen Natur zurück, die ihn mir gütig verliehen hat, und meinen Leib den Elementen, aus denen er besteht. Ich habe als Philosoph gelebt und will als solcher begraben werden, ohne Gepränge, ohne feierlichen Pomp. Ich will weder geöffnet noch einbalsamiert werden. Man bestatte mich in Sanssouci auf der Höhe der Terrassen in einer Gruft, die ich mir habe herrichten lassen. Prinz Moritz von Nassau ist in gleicher Weise in einem Wäldchen bei Kleve beigesetzt worden. Sterbe ich in Kriegszeiten oder auf der Reise, soll man mich am ersten besten Orte beisetzen und im Winter nach Sanssouci an die bezeichnete Stätte bringen.

Meinem lieben Neffen Friedrich Wilhelm, dem Thronfolger, hinterlasse ich das Königreich Preußen, die Provinzen, Staaten, Schlösser, Festungen, Munition, Zeughäuser, die von mir eroberten oder ererbten Länder, alle Kronjuwelen (die sich in Händen der Königin und seiner Gemahlin befinden), die Gold-und Silberservice, die in Berlin sind, meine Landhäuser, die Bibliothek, das Münzkabinett, die Gemäldegallerie, Gärten usw. Ferner hinterlasse ich ihm den Staatsschatz, so wie er ihn am Tage meines Todes vorfinden wird, als Eigentum des Staates und allein dazu bestimmt, die Völker zu verteidigen oder ihnen Erleichterung zu verschaffen.

Sollte ich irgend welche kleine Schuld hinterlassen, an deren Bezahlung der Tod mich hindert, so soll mein Neffe gehalten sein, sie zu begleichen: dies ist mein Wille.

Der Königin, meiner Gemahlin, hinterlasse ich das Einkommen, das sie genießt und das um jährlich 10 000 Taler erhöht werden soll, zwei Tonnen Wein jährlich, freies Holz und das Wildbret für ihre Tafel. Unter dieser Bedingung hat die Königin sich verpflichtet, meinen Neffen zu ihrem Erben zu ernennen. Da ferner kein geeigneter Witwensitz für sie vorhanden ist, so begnüge ich mich, der Form halber Stettin zu bestimmen. Zugleich verlange ich von meinem Neffen, daß er ihr eine angemessene Wohnung im Berliner Schlosse überläßt und ihr mit der Ehrerbietung begegnet, die ihr als Witwe seines Onkels und als einer Fürstin zukommt, deren Tugend sich niemals verleugnet hat.

Kommen wir auf den Allodialnachlaß. Ich bin niemals geizig oder reich gewesen; ich habe also nicht über viel zu verfügen. Die Einkünfte des Staates habe ich stets als Bundeslade betrachtet, die keine profane Hand anzutasten wagt. Die öffentlichen Einkünfte sind niemals für meinen eigenen Bedarf in Anspruch genommen. Meine persönlichen Ausgaben haben niemals 220 000 Taler im Jahre überschritten. Meine Verwaltung läßt mir also ein ruhiges Gewissen, und ich kann der Öffentlichkeit ohne Furcht Rechenschaft darüber ablegen.

Meinen Neffen Friedrich Wilhelm setze ich zum Universalerben meines Allodialvermögens ein, unter der Bedingung, daß er folgende Legate auszahlt.

Ich empfehle meinem Erben aufs wärmste die tapferen Offiziere, die unter meinem Befehl den Krieg mitgemacht haben. Ich bitte ihn, besonders für die Offiziere meiner Umgebung zu sorgen. Er soll keinen fortschicken und keinen von ihnen, wenn er alt und schwach ist, im Elend umkommen lassen. Er wird in ihnen geschickte Militärs und Leute besitzen, die Beweise von ihrer Einsicht, Tapferkeit und Treue gegeben haben.

Ich empfehle ihm meine Privatsekretäre, ebenso alle, die in meinem Kabinett gearbeitet haben. Sie haben Übung in den Geschäften und können ihn im Anfang seiner Regierung über sehr viele Dinge aufklären, die ihnen bekannt sind und die selbst die Minister nicht wissen.

Ich empfehle ihm gleichfalls alle, die in meinen Diensten gestanden haben, ebenso meine Kammerdiener. Ich vermache Zeysing 2000 Taler für seine große Treue und 500 Taler jedem meiner Garderobediener. Ich hoffe bestimmt, daß mein Erbe ihnen ihr Gehalt läßt, bis sie passend versorgt sind.

Jedem Stabsoffizier meines Regiments, des Bataillons Lestwitz und der Gardesdukorps vermache ich eine goldene Denkmünze, die auf die von den Truppen unter meiner Führung errungenen Erfolge und Siege geprägt worden ist. Jedem dieser vier Bataillone vermache ich zwei Taler pro Kopf und ebensoviel jedem Gardedukorps.

Füge ich vor meinem Tode diesem Testament ein eigenhändig geschriebenes und unterzeichnetes Kodizill bei, so soll es die gleiche Kraft haben wie diese feierliche Urkunde.

Wenn jemand von denen, die ich bedacht habe, vor mir stirbt, so ist das Legat null und nichtig. Wenn ich während des Krieges sterbe, soll mein Generalerbe gehalten sein, erst nach Wiederherstellung des Friedens meine Erbschaft auszuzahlen. Im Verlaufe des Krieges aber soll niemand das Recht haben, an den Nachlaß Forderungen zu stellen.

Ich empfehle meinem Nachfolger, sein eigen Blut in seinen Onkeln, Tanten und allen Blutsverwandten zu achten. Der Zufall, der über dem Menschengeschick waltet, entscheidet die Erstgeburt. Aber deshalb, weil man König ist, ist man noch nicht besser als die anderen. Ich empfehle allen meinen Verwandten, in Frieden miteinander zu leben. Möchten sie, wenn es einmal gilt, ihre persönlichen Interessen dem Wohle des Vaterlandes und dem Vorteil des Staates zu opfern verstehen.

Bis zum letzten Atemzuge werden meine Wünsche dem Glücke des Staates gelten. Möchte er stets mit Gerechtigkeit, Weisheit und Stärke regiert werden! Möchte er durch die Milde der Gesetze der glücklichste, in seinen Finanzen der bestverwaltete und durch ein Heer, das nur nach Ehre und edlem Waffenruhm trachtet, der am tapfersten verteidigte sein! Möchte er blühen bis ans Ende der Zeiten!

Zu meinem Testamentsvollstrecker ernenne ich den regierenden Herzog Karl von Braunschweig, von dessen Freundschaft, Aufrichtigkeit und Redlichkeit ich mir verspreche, daß er die Vollziehung meines letzten Willens auf sich nehmen wird.

Berlin, 8. Januar 1769.
Friderich.